Zu den Randnotizen

und Essays

Aldous Huxley

Writat

Diese Ausgabe erschien im Jahr 2023

ISBN: 9789359257976

Herausgegeben von
Writat
E-Mail: info@writat.com

Inhalt

100
JAHRE

Von Bocca di Magra bis Bocca d'Arno erstrecken sich die Sandstrände Kilometer für Kilometer sanft und ununterbrochen. Landeinwärts vom Strand, hinter einem schützenden Piniengürtel, liegt ein Streifen Küstenebene – flach wie ein Stück Holland und von langsamen Bächen eingedämmt. Hier wachsen Mais und Weinreben, dazwischen gibt es Anpflanzungen dünner Pappeln und ausgedehnte Auen. Hier und da münden die Bäche in flache Seen, deren Ufer von durchnässten Reisfeldern gesäumt sind. Und hinter diesem Flachlandstreifen, vier bis fünf Meilen vom Meer entfernt, erheben sich plötzlich und steil die Berge: die Apuanischen Alpen. Ihre höchsten Gipfel bestehen aus nacktem Kalkstein, der hier und da mit weißem Marmor durchzogen ist, der den kleinen Städten, die zu ihren Füßen liegen, Wohlstand bringt: Massa und Carrara, Serravezza, Pietrasanta. Die Hälfte aller Grabsteine der Welt stammen aus diesen edlen Felsen. Ihre unteren Hänge sind grau von Olivenbäumen, grün von Kastanienwäldern. Über ihren Gipfeln ruhen die riesigen, geformten Wolkenmassen.

Von Umhang zu Umhang, mit brückenartiger Form,

Über einem reißenden Meer,

Sonnenstrahlenfest hänge ich wie ein Dach,—

Die Berge sind ihre Säulen.

Die Landschaft zitiert Shelley förmlich. Dieses Meer mit seinen leuchtenden Stillen und plötzlichen Stürmen, diese trüben blauen Inseln, die sich am Horizont abzeichnen, diese Berge und ihre wunderbaren Wolken, diese Flüsse und Wälder sind die eigentliche Substanz seiner Poesie. Wenn Sie eine Weile an dieser Küste leben, werden Sie ständig an diese schöne, seltsam kindische Poesie, diesen schönen und kindlichen Mann denken. Vielleicht spukt sein Geist an der Küste. In diesem Meer segelte er mit seinem dünnen Boot, steuerte mit einer Hand und hielt in der anderen sein kleines Buch von Aeschylos. Du stellst ihn dir an ruhigen Tagen so vor. Und an den Tagen eines plötzlichen heftigen Sturms denkst du auch an ihn. Die Blitze zucken über den Himmel, die Donner sind wie schreckliche Explosionen über uns, die Sturmböen brechen mit Wucht nieder. Was gibt es Neues von dem fadenscheinigen Boot? Keine, außer dass ein paar Tage nach dem Sturm ein junger Körper an Land gespült wird, zerschlagen und nicht wiederzuerkennen; Der kleine Aeschylus in der Manteltasche verrät uns nur, dass es sich um Shelley handelte.

Ich habe den Sommer an dieser verwunschenen Küste verbracht. Das muss meine Entschuldigung dafür sein, in einer so selbstsüchtigen Welt wie unserer den Namen eines Dichters zu erwähnen, der seit hundert Jahren tot ist. Aber seien Sie beruhigt. Ich habe nicht die Absicht, einen Artikel über den wirkungslosen Engel zu schreiben, der vergeblich mit seinen Flügeln im Nichts schlägt. Ich möchte mein Krächzen nicht in den wohlklingenden Chor der Hundertjahrfeiern einstimmen. NEIN; Der Geist von Shelley, der in der Versilia und der Lunigia, an den Ufern des Golfs von Spezia und unterhalb von Pisa, wo Arno aussteigt, umherwandert, dieser Geist, dem ich die Hand geschüttelt und gesprochen habe, spornt mich an, keine übertriebene und unverschämte Lobrede hinzuzufügen , sondern um gegen die Ergüsse der anderen Enkomiasten, der honigfarbenen Hundertjahrfeiersänger zu protestieren.

Das Gurren dieser Personen, normalerweise ein Mittel gegen Schlaflosigkeit, ist in diesem Fall irritierend; es weckt, es verschlimmert. Denn ärgerlich und abscheulich ist es auf jeden Fall, dieses Schauspiel eines rebellischen Jugendlichen, der hundert Jahre nach seinem Tod überschwänglich gelobt wird, von Menschen, die ihn, wenn er noch am Leben wäre, genauso hassen und fürchten würden, wie die schottischen Rezensenten es hassten waren entsetzt über Shelley. Wie würden diese Personen einen jungen Zeitgenossen behandeln, der sich nicht damit begnügt, ein literarischer Erneuerer zu sein, sondern sein Talent zum Angriff auf die Religion und die etablierte Ordnung einsetzt, der Plutokratie und Patriotismus lästert, sich selbst zum Bolschewisten, Internationalisten, Pazifisten usw. erklärt? Kriegsdienstverweigerer? Sie würden von ihm sagen, dass er ein gefährlicher junger Mann sei, der in seine Schranken gewiesen werden sollte; und sie würden entweder sein Talent verunglimpfen und verunglimpfen, oder – wenn sie etwas subtiler respektvoll wären – würden sie niemals zulassen, dass sein Name in einer der von ihnen kontrollierten Zeitschriften gedruckt würde. Aber als sie sahen, dass Shelley vor hundert Jahren sicher im Sand von Viareggio verbrannt wurde und dass er kein lebender gefährlicher Mann mehr, sondern nur noch ein toter Klassiker ist, stimmen diese respektablen Anhänger der etablierten Literatur und der etablierten Gesellschaft im Chor ein, um ihn zu preisen, und Erklären Sie seine Bedeutung und halten Sie Predigten über ihn. Das wohlklingende Gurren wird von einem Schnüffeln begleitet, und über diesen Hundertjahrfeierlichkeiten liegt ein wohltuender Hauch von Heuchelei und Unaufrichtigkeit. Die Wirkung dieser festlichen Jubiläen in England besteht nicht darin, das Leben in den großen Toten wiederzubeleben; ein hundertjähriges Jubiläum ist eher eine zweite Beerdigung, eine erneute Bestätigung des Todes. Ein einst lebendiger Geist wird versteinert und inmitten feierlicher und beerdigter Zeremonien wird der versteinerte Klassiker gebührend im Tempel der Seriosität verankert.

Wie viel besser bestellt man diese Dinge in Italien! In diesem Land – das man immer mehr bewundern muss, je mehr man davon sieht – feiern sie gebührend ihre großen Männer; Aber feiern Sie sie nicht mit einem Schnupftabak, nicht in schwarzer Kleidung, nicht mit Gebetbüchern in der Hand, mit Krepp um die Hüte und einem Hass in ihren Herzen auf alles, was mit Leben und Kraft zu tun hat. Nein, nein; Sie nutzen ihre Toten als Vorwand, um das Leben unter den Lebenden zu beschleunigen. Sie haben Spaß an ihren Hundertjahrfeiern.

Letztes Jahr feierten die Italiener den sechshundertsten Todestag von Dante. Stellen Sie sich nun vor, wie diese Feier in England ausgesehen hätte . Alle ältesten Kritiker und alle jungen Männer, die alt werden wollen, hätten in allen Literaturzeitungen lange Artikel geschrieben. Das hätte den Ton angegeben. Danach hätte irgendein edler Lord oder sogar ein Prinz des Geblüts ein von Frampton oder einem anderen monumentalen Maurer der Akademie entworfenes Denkmal enthüllt. Über der Asche des intelligentesten Dichters der Welt wären dann schwachsinnige Reden in Worten von nicht mehr als zwei Silben gehalten worden. Auf seine Intelligenz würde natürlich kein Bezug genommen werden; aber sein Charakter, ah! Sein Charakter würde eine begeisterte Presse bekommen. Der feurigste und bitterste aller Männer würde allen Sonntagsschulkindern als Vorbild dienen.

Nach dieser Ehrfurcht hätten wir im Regen einen schönen historischen Festumzug veranstalten sollen. Eine junge, in weiße Wimpel gekleidete Frau hätte Beatrice dargestellt, und für den Dichter selbst hätte man einen Schauspielermanager mit Profil und Stimme gefunden. Guelfen und Ghibellinen in den Kostümen der damaligen Zeit planschten im Schlamm herum und zahlreiche Verse von Louis Napoleon Parker wurden vorgetragen. Und am Ende würden wir alle mit einer Erkältung im Kopf und unter septischer Langeweile nach Hause gehen, aber gleichzeitig mit einem angenehmen Gefühl der Tugendhaftigkeit, als wären wir in der Kirche gewesen.

Sehen Sie jetzt, was in Italien passiert. Das Hauptereignis der Dante-Feier ist eine gewaltige Militärschau. Hunderttausende drahtige kleine braune Männer ziehen durch die Straßen von Florenz. Junge Offiziere von sagenhafter Eleganz tummeln sich in prächtig geschneiderten Reithosen und glitzernden Stulpenstiefeln. Die gesamte weibliche Bevölkerung klopft. Es ist ein ausgezeichneter Anfang. Dann werden Reden gehalten, wie sie nur in Italien gehalten werden können – runde, polternde, klangvolle Reden, alles über Dante, den italienischistischen Dichter, Dante, den Irredentisten, Dante, den Propheten Großitaliens, Dante, die Geißel der Jugoslawen und Serben. Riesige Begeisterung. Da wir noch nie eine Zeile seiner Werke gelesen haben, glauben wir, dass Dante unser persönlicher Freund ist, ein faschistischer Bruder.

Danach beginnt der wahre Spaß; Wir haben die *Manifestazioni Sportive* der Hundertjahrfeierlichkeiten. Es werden unzählige Radrennen organisiert. Wilde junge Faschisten mit den Gesichtern römischer Helden huldigen dem Dichter, indem sie hundertachtzig Kilometer pro Stunde um die Rennstrecke von Mailand zurücklegen. Hochgeschwindigkeits-Fiats, Ansaldos und Lancias rasen gegeneinander über den Apennin und um die Bastionen der Alpen. Tauben werden geschossen, Pferde galoppieren, Fußball wird unter der sengenden Sonne gespielt. Es lebe Dante!

Wie unendlich viel besser ist das als die stickige Atmosphäre eines englischen Hundertjahrfeiertags! Poesie ist schließlich Leben, nicht Tod. Radrennen haben vielleicht nicht viel mit Dante zu tun – obwohl ich ihn mir vorstellen kann, wie er mit seinem schmalen Gesicht wie Metall auf einem Paar funkelnder Räder durch die Spiralen der Hölle saust oder mühsam die eins zu drei Steigungen des Fegefeuerbergs erklimmt auf dem Rücken seines treuen Sunbeam. Nein, sie haben vielleicht nicht viel mit Dante zu tun; aber Festzüge in der anglikanischen Kathedrale schließen, langweilige Artikel von alten Männern, die ihn hassen und fürchten würden, wenn er noch am Leben wäre, Reden edler Herren über Denkmäler, die von königlichen Akademikern errichtet wurden – das alles hat sicherlich noch weniger mit dem Autor des Infernos zu *tun* .

Es sind nicht nur ihre großen Toten, die die Italiener auf diese herrlich lebendige Weise feiern. Sogar ihre religiösen Feste haben den gleichen fröhlichen, warmblütigen Charakter. Diesen Sommer fand beispielsweise in Loreto ein großes Fest statt, um die Ankunft eines neuen Bildes der Jungfrau zu feiern, das das alte ersetzte, das vor einiger Zeit verbrannt wurde. Die Aufregung begann in Rom, wo das Bild nach der Segnung durch den Papst in einem Auto zum Bahnhof gebracht wurde, inmitten jubelnder Menschenmengen, die „Evviva Maria" riefen, während der Fiat und seine heilige Last vorbeirollten. Die Ankunft der Jungfrau in Loreto war das Signal für einen gewaltigen Jubelausbruch. Es fanden die üblichen Radrennen statt; Es gab Fußballspiele, Taubenschießwettbewerbe und Olympische Spiele. Der Spaß hielt tagelang an. Am Ende der Feierlichkeiten stiegen zwei Kardinäle in Flugzeugen auf und segneten die versammelte Menge – ein Vorfall, bei dem der Papst bemerkt haben soll, dass der Segen in diesem Fall tatsächlich vom Himmel kam.

Seltene Leute! Wenn wir Angelsachsen nur etwas von ihrem Realismus, ihrer Liebe zum Leben um seiner selbst willen, zu greifbaren, festen, unmittelbaren Dingen von den Italienern übernehmen könnten. In unserem düsteren Land sind wir es gewohnt, fiktiven Werten zu viel Respekt zu zollen; Wir verehren

Unsichtbarkeiten und werden in unserer Freude am unmittelbaren Leben durch imaginäre Hemmungen eingeschränkt. Wir denken zu viel an die Vergangenheit, an Metaphysik, an Tradition, an die ideale Zukunft, an Anstand und guten Ton; zu wenig vom Leben und dem glitzernden lauten Augenblick. Die Italiener sind geborene Futuristen. Es brauchte nicht Marinetti, um sie davon zu überzeugen, Dante mit Radrennen zu feiern; Sie hätten es natürlich und spontan getan, wenn nie futuristische Propaganda verbreitet worden wäre. Marinetti ist das Produkt des modernen Italiens, nicht das moderne Italien von Marinetti. Sie alle sind Futuristen in diesem brennend lebendigen Italien, wo wir aus dem Norden nur eine Flucht in die Vergangenheit suchen. Oder besser gesagt, sie sind keine Futuristen: Marinettis Bezeichnung war schlecht gewählt. Sie sind Präsentisten. Die frühen Christen, denen es nur um das Wohlergehen ihrer Seelen im künftigen Leben ging, waren, wenn man so will, Futuristen.

Wir werden gut daran tun, etwas über ihren lebhaften Präsentismus zu erfahren. Hoffen wir, dass unsere Urenkel den nächsten 100. Todestag von Shelley mit Luftregatten und Wasserflugzeugrennen feiern. Die Lebenden werden belustigt und der Verstorbenen wird würdig gedacht. Der Geist des Mannes, der sich zu Lebzeiten an Wind und Wolken, an Berggipfeln und Gewässern, am Flug der Vögel und am Gleiten von Schiffen erfreute, wird sich freuen, wenn junge Männer sein Andenken feiern, indem sie durch die Luft fliegen oder überfliegen , wie sich niederlassende Schwäne, über der Meeresoberfläche.

Die Felsen sind gespalten und durch die violette Nacht

Ich sehe Autos, die von Rossen mit Regenbogenflügeln gezogen werden

Die die trüben Winde zertrampeln; in jedem steht etwas

Ein Wagenlenker mit wilden Augen drängt sie zur Flucht.

Einige blicken zurück, während dort Unholde sie verfolgten,

Und doch sehe ich keine Gestalten außer den scharfen Sternen;

Andere beugen sich mit brennenden Augen vor und trinken

Mit eifrigen Lippen der Wind ihrer eigenen Geschwindigkeit,

Als ob das Ding, das sie liebten, schon vorher geflohen wäre,

Und jetzt, selbst jetzt, umklammerten sie es.

Der Mann, der dies geschrieben hat, wird sicherlich besser durch Flugzeug- oder sogar Fahrradrennen gefeiert als durch siebenspaltige Artikel aus der

Feder der Herren – nun, vielleicht sollten wir besser keine Namen nennen. Nehmen wir uns ein Beispiel an der italienischen Tradition.

II
ÜBER DAS WIEDERLESEN VON *CANDIDE*

Die Möbelwagen hatten ihre Fracht im neuen Haus abgeladen. Wir wurden eingesetzt, oder zumindest wurde es uns überlassen, das Beste aus einem unerträglichen Leben im Dreck und der Verwirrung zu machen. Einer der Präraffaeliten, ich vergesse im Moment, der einmal ein Bild mit dem Titel „Der letzte Tag im alten Haus" malte. Ein berührendes Thema. Aber es bräuchte einen grimmigeren, härteren Pinsel, um die Schrecken von „Der erste Tag im neuen Zuhause" darzustellen. Ich hatte mich verzweifelt zwischen die umgewälzten beweglichen Gegenstände gesetzt, als ich – mit welch einem Schauder erfreuten Wiedererkennens – den oberen Rand eines kleinen, in Leder gebundenen Buches bemerkte, das aus einer Masse sperrigerer Bände in einer ungedeckten Hülle herausragte. Es war *Candide* , meine geschätzte kleine Erstausgabe von 1759, mit der dezent lächerlichen Titelseite: „ *Candide ou L'Optimisme* , Traduit de l'Allemand de Mr. le Docteur Ralph." "

Optimismus – ein wenig hatte ich im Moment nötig, und da Mr. le Docteur Ralph bekanntermaßen einer der Prediger ist, die ihn am besten wecken können, nahm ich das Buch zur Hand und begann zu lesen: „ I y avait en Westphalie, dans le." Château de Mr. le Baron de Thunder-ten-tronckh.... " Ich legte den Band erst zur Seite, als ich am Schluss angelangt war: „Il faut cultiver notre jardin." Ich fühlte mich durch Doktor Ralphs Dienste umso weiser und fröhlicher.

Aber das Bemerkenswerte an der erneuten Lektüre *von Candide* ist nicht, dass das Buch einen amüsiert, nicht, dass es durch seine Brillanz erfreut und überrascht; das ist nur zu erwarten. Nein, es ruft ein neues und, zumindest für mich, unerwartetes Gefühl hervor. In der guten alten Zeit, vor der Sintflut, erschien uns die Geschichte von Candides Abenteuern als stille, behütete Mittelschichtsmenschen nur eine entzückende Fantasie oder bestenfalls eine übermütige Übertreibung der Verhältnisse, von denen wir vage und theoretisch wussten existieren, existiert haben, weit entfernt in Raum und Zeit. Aber lesen Sie das Buch heute; man fühlt sich auf seinen Seiten ganz zu Hause. Es ist, als würde man eine Aufzeichnung der Fakten und Meinungen von 1922 lesen; nichts war je zutreffender, zutreffender und auf den Punkt gebrachter. Die Welt, in der wir leben, ist erkennbar die Welt von Candide und Cunégonde , von Martin und der alten Frau, der Tochter eines Papstes und der Verlobten des souveränen Prinzen von Massa-Carrara. Der einzige Unterschied besteht darin, dass die Schreckenswelt auf der Welt von 1922 viel dichter zu finden ist als auf Candides Welt. Die Manöver von Bulgare und Abare, der innere Streit in Marokko, das Erdbeben und *das Autodafé* sind im Vergleich zum Ersten Weltkrieg, der russischen

Hungersnot, den Black and Tans, den Faschisten und all den anderen Schrecken nichts weiter als dürftige Dinge worüber wir stolz sein können. „ Und Sa Hautesse envoye un vaisseau en Egypte ", bemerkte der Derwisch, „ s's'pein-t-elle si les souris qui sont dans le vaisseau sont à leur aise or non? " NEIN; Aber es gibt Momente, in denen Sa Hautesse, zweifellos geistesabwesend, ein paar Dutzend hungrige Katzen in den Laderaum des Schiffes fallen lässt; die Gegenwart scheint einer davon zu sein.

Katzen im Frachtraum? Daran gibt es keinen Grund zur Überraschung. Die Weisheit von Martin und der alten Frau, die einst mit dem Prinzen von Massa-Carrara verlobt war, ist seit 1914 zur alltäglichen Weisheit der ganzen Welt geworden. In der glücklichen viktorianischen und edwardianischen Vergangenheit war Westeuropa wie Candide über alles überrascht. Es war erstaunt über das schreckliche Verhalten von König Bomba, erstaunt über die Türken, erstaunt über die politischen Schikanen und die lockeren Moralvorstellungen des Zweiten Kaiserreichs – (was ist alles Zola anderes als ein längerer Ausruf des Erstaunens über das Treiben seiner Zeitgenossen?) . Danach staunten wir über das abscheuliche Verhalten der Buren, während der Rest Europas über unseres staunte. Es folgte die weit verbreitete Verwunderung darüber, dass in diesem sogenannten 20. Jahrhundert schwarze Männer so behandelt werden sollten, wie sie im Kongo und am Amazonas behandelt wurden. Dann kam der Krieg: ein großer Ausbruch empörter Verwunderung und danach eine ebenso vollständige, so ruhig-zynische Zustimmung wie die Martins. Denn wir haben im Laufe der etwas übertrieben langen *Histoire à la Candide* der letzten sieben Jahre herausgefunden, dass das Staunen ein überragendes Gefühl ist. Alles ist möglich, nicht nur für die Vorsehung, deren Wege wir immer, wenn auch schon seit einiger Zeit eher theoretisch, als seltsam wussten, sondern auch für Menschen.

Wir dachten, dass die Männer aus dem brutalen und zügellosen Humpeltum früherer Zeiten erwachsen geworden seien und nun genauso höflich und vornehm seien wie Gibbon selbst. Wir wissen es jetzt besser. Schaffen Sie eine Hobbledehoy-Umgebung und Sie werden ein Hobbledehoy-Verhalten haben; Schaffen Sie eine gibbonische Umgebung, und jeder wird mehr oder weniger vornehm sein. Es scheint jetzt offensichtlich. Und jetzt, wo wir in einer humpelnden Welt leben, haben wir Martins Lektion so gut gelernt, dass wir fast ungerührt den schrecklichsten Naturkatastrophen und den Zurschaustellungen menschlicher Dummheit und Bosheit zusehen können, die uns früher in Erstaunen versetzt hätten Empörung. Tatsächlich haben wir Martin hinter uns gelassen und sind in vielerlei Hinsicht zu Pococurante geworden.

Und was ist das Heilmittel? Herr Docteur Ralph möchte uns glauben machen, dass es in der geduldigen Pflege unserer Gärten liegt. Er hat wahrscheinlich Recht. Das einzige Problem besteht darin, dass die Gärten mancher von uns kaum lohnenswert zu sein scheinen, gepflegt zu werden. Der Garten des Bankangestellten und des Fabrikarbeiters, der Garten der Verkäuferin, der Garten des Beamten und des Politikers – kann man sie mit viel Begeisterung pflegen? Oder, noch einmal, da ist mein Garten, der Garten des Literaturjournalismus. Auf diesem kleinen Grundstück wühle und wühle ich, pflanze, beschneide und ernte schließlich – Gott weiß, spärlich genug! – von einem Jahresende zum anderen. Und zu welchem Zweck, zu wem zum Guten, wie es in der lateinischen Grammatik heißt? Ah, da bin ich.

In einem von Tschechows Briefen gibt es eine Passage, die jeder Literaturjournalist in goldenen Buchstaben auf seinen Schreibtisch schreiben sollte. „Ich schicke Ihnen“, sagt Tschekow zu seinem Korrespondenten, „Michailowskis Artikel über Tolstoi ... Es ist ein guter Artikel, aber es ist seltsam: Man könnte tausend solcher Artikel schreiben, und die Dinge würden keinen Schritt vorwärts kommen, und das würde es immer noch.“ Es bleibt unverständlich, warum solche Artikel geschrieben werden.“

Il faut cultiver notre jardin. Ja, aber nehmen wir an, man fragt sich, warum?

III
ACCIDIE

Die Coenobiten der Thebaiden waren den Angriffen vieler Dämonen ausgesetzt. Die meisten dieser bösen Geister kamen heimlich mit Einbruch der Nacht. Aber es gab einen, einen Teufel mit tödlicher Raffinesse, der keine Angst davor hatte, tagsüber zu gehen. Die heiligen Männer der Wüste nannten ihn den *Dæmon meridianus* ; denn seine liebste Besuchszeit war die Hitze des Tages. Er lauerte den Mönchen auf, die von der Arbeit in der drückenden Hitze müde geworden waren, und nutzte einen Moment der Schwäche, um sich Zugang zu ihren Herzen zu verschaffen. Und als er dort installiert wurde, was für ein Chaos richtete er an! Denn plötzlich kam es dem armen Opfer so vor, als sei der Tag unerträglich lang und das Leben trostlos leer. Er ging zur Tür seiner Zelle, schaute zur Sonne hinauf und fragte sich, ob ein neuer Josua sie mitten am Himmel festgehalten hatte. Dann ging er zurück in den Schatten und fragte sich, was er in dieser Zelle Gutes tat oder ob dort irgendein Objekt existierte. Dann blickte er erneut auf die Sonne und stellte fest, dass sie unzweifelhaft stillstand und die Stunde des gemeinsamen Mahls am Abend so fern war wie eh und je. Und er kehrte zu seinen Meditationen zurück, um durch Ekel und Mattigkeit in die schwarzen Tiefen der Verzweiflung und des hoffnungslosen Unglaubens zu versinken. Als das geschah, lächelte der Dämon und verabschiedete sich, wohlwissend, dass er gute Morgenarbeit geleistet hatte.

Im gesamten Mittelalter war dieser Dämon als Acedia oder auf Englisch Accidie bekannt. Mönche waren immer noch seine Lieblingsopfer, aber er machte auch unter den Laien viele Eroberungen. Neben *Gastrimargia* , *Fornicatio* , *Philargyria* , *Tristitia* , *Cenodoxia* , *Ira* und *Superbia gilt* Acedia oder *Tædium Cordis als eines der acht Hauptlaster, denen der* Mensch unterliegt. Ungenaue Psychologen des Bösen neigen dazu, von Accidie zu sprechen, als wäre es schlichte Trägheit. Aber Trägheit ist nur eine der zahlreichen Erscheinungsformen des subtilen und komplizierten Lasters Accidie. Chaucers Diskurs darüber in „Parson's Tale" enthält eine sehr genaue Beschreibung dieses verheerenden Lasters des Geistes. „Accidie", erzählt er uns, „macht einen kräftigen, nachdenklichen und schüchternen Mann." Es lähmt den menschlichen Willen, „es verlangsamt und verlangsamt" einen Menschen, wann immer er versucht zu handeln. Aus Accidie entsteht die Angst, gute Taten zu vollbringen, und schließlich Hoffnungslosigkeit oder Verzweiflung. Auf dem Weg zur ultimativen Hoffnungslosigkeit bringt Accidie eine ganze Reihe kleinerer Sünden hervor, wie Müßiggang, Verspätung, *Lâchesse* , Kälte, Unergebenheit und „die Synne weltlichen Kummers, wie es Cleped *Tristitia ist* , der den Menschen tötet, wie seith seint Poule." " Diejenigen, die durch Unfall gesündigt haben, finden im fünften

Kreis des Infernos ihr ewiges Zuhause. Sie stecken im selben schwarzen Sumpf wie die Zornigen, und ihre Schluchzer und Worte sprudeln an die Oberfläche:

Fitti nel limo dicon: „Tristi fummo

nell'aer dolce che dal sol s' allegra,

portando dentro accidioso fummo;

Oder ci attristiam nella belletta negra."

Quest' inno si gorgoglian nella strozza,

Es ist dir nicht möglich, mit ganzer Stimme zu reden.

Accidie verschwand nicht mit den Klöstern und dem Mittelalter. Auch die Renaissance war ihr unterworfen. Eine ausführliche Beschreibung der Acedia-Symptome finden wir in Burtons *Anatomy of Melancholy* . Die Ergebnisse der Machenschaften des Mittagsdämons werden heute als Dämpfe oder Milz bezeichnet. Dem milden, liebenswürdigen Mr. Matthew Green vom Zollamt widmete er jene achthundert Achtsilben, die seinen Anspruch auf Unsterblichkeit ausmachen. Für ihn ist es eine bloße Krankheit, die durch gemäßigte Ernährung geheilt werden kann:

Hagel! Wasserbrei, Heilkraft,

Leichter Zugang zu den Armen;

durch Lachen, Lesen und die Gesellschaft unberührter junger Damen:

Mütter und Vormunds-Tanten haben Nachsicht

Deine gottlosen Bemühungen, die Messe zu gestalten,

Auch nicht so viel Kosten und Kunst

Aber um das jungfräuliche Herz zu entjungfern;

durch die Vermeidung von Parteileidenschaft, Alkohol, Dissidenten und Missionaren, insbesondere Missionaren: Deren Unternehmungen Mr. Green lehnte es immer ab, sich anzuschließen:

Ich lache über Milz und behalte meinen Pence

Von der Zerstörung der indischen Unschuld;

indem man darauf verzichtet, zur Anwaltschaft zu gehen, Gedichte zu schreiben und über den eigenen zukünftigen Zustand nachzudenken.

„*The Spleen*" wurde in den dreißiger Jahren des 18. Jahrhunderts veröffentlicht. Accidie war immer noch, wenn nicht eine Sünde, so doch eine Krankheit. Aber eine Veränderung stand bevor. „Die Sünde des weltlichen Kummers, wie sie im cleped *tristitia zu finden ist* ", wurde zu einer literarischen Tugend, einem spirituellen Modus. Die Apostel der Melancholie zogen ihre schwachen Hörner auf, und die Männer des Gefühls weinten. Dann kam das 19. Jahrhundert und die Romantik; und mit ihnen der Triumph des Meridiandämons. Accidie in seiner kompliziertesten und tödlichsten Form, einer Mischung aus Langeweile, Trauer und Verzweiflung, war heute eine Inspiration für die größten Dichter und Romanautoren und ist es bis heute geblieben. Die Romantiker nannten dieses schreckliche Phänomen das *Mal du Siècle* . Aber der Name machte keinen Unterschied; die Sache war immer noch dieselbe. Der Meridiandämon hatte im 19. Jahrhundert guten Grund, zufrieden zu sein, denn damals war es so, wie Baudelaire es ausdrückt

L'Ennui, Fruit de la morne incuriosité,

Prit les proportions de l'unmortalité.

Es ist ein sehr merkwürdiges Phänomen, dieser Fortschritt der Accidie von der Position einer Todsünde, die der Verdammung würdig ist, zu der Position zunächst einer Krankheit und schließlich einer im Wesentlichen lyrischen Emotion, die zur Inspiration vieler der charakteristischsten modernen Werke fruchtbar war Literatur. Das Gefühl universeller Sinnlosigkeit, die Gefühle von Langeweile und Verzweiflung, gepaart mit dem komplementären Wunsch, „irgendwo, irgendwo außerhalb der Welt" zu sein oder zumindest nicht an dem Ort, an dem man sich gerade befindet, waren die Inspiration der Poesie und des Romans seit einem Jahrhundert und mehr. Zu Matthew Greens Zeiten wäre es undenkbar gewesen, ein ernsthaftes Gedicht über Langeweile zu schreiben. Zu Baudelaires Zeiten war Langeweile ein ebenso geeignetes Thema für Lyrik wie Liebe; und Accidie ist immer noch eine Inspiration für uns, eines der ernstesten und ergreifendsten literarischen Themen. Welche Bedeutung hat diese Tatsache? Denn offensichtlich ist der Fortschritt von Accidie ein spirituelles Ereignis von erheblicher Bedeutung. Wie ist es zu erklären?

Es ist nicht so, dass das 19. Jahrhundert die Accidie erfunden hätte. Langeweile, Hoffnungslosigkeit und Verzweiflung gab es schon immer und sie wurden in der Vergangenheit ebenso schmerzhaft empfunden wie heute. Es ist etwas geschehen, das diese Emotionen respektabel und bekennbar macht; Sie sind nicht länger sündig und werden nicht länger als bloße Krankheitssymptome angesehen. Dass etwas passiert ist, ist seit 1789 sicherlich einfach Geschichte. Das Scheitern der Französischen Revolution und der spektakulärere Sturz Napoleons haben Accidie in die Herzen jeder Jugend der romantischen Generation gepflanzt – und zwar nicht nur in Frankreich, sondern in ganz Europa – wer die an die Freiheit glaubten oder deren Jugend von den Vorstellungen von Ruhm und Genialität berauscht war. Dann kam der industrielle Fortschritt mit seiner ungeheuren Vermehrung von Schmutz, Elend und unrechtmäßig erworbenem Reichtum; Die Verunreinigung der Natur durch die moderne Industrie reichte allein schon aus, um viele sensible Gemüter traurig zu machen. Die Entdeckung, dass das politische Wahlrecht, für das so lange und hartnäckig gekämpft wurde, reine Sinnlosigkeit und Eitelkeit war, solange die industrielle Knechtschaft in Kraft blieb, war eine weitere schreckliche Ernüchterung des Jahrhunderts.

Eine subtilere Ursache für die vorherrschende Langeweile war das unverhältnismäßige Wachstum der großen Städte. Gewöhnt an die fieberhafte Existenz dieser wenigen Aktivitätszentren, empfanden die Menschen das Leben außerhalb dieser Zentren als unerträglich langweilig. Und gleichzeitig waren sie von der Unruhe des Stadtlebens so erschöpft, dass sie sich nach der eintönigen Langeweile der Provinz, nach exotischen Inseln, sogar nach anderen Welten – jedem Hafen der Ruhe – sehnten. Und als Krönung dieses gewaltigen Gefüges aus Misserfolgen und Desillusionierungen kam schließlich die entsetzliche Katastrophe des Krieges von 1914. Andere Epochen erlebten Katastrophen, mussten Desillusionierungen erleiden; Aber in keinem Jahrhundert folgten die Ernüchterungen einander mit so ununterbrochener Geschwindigkeit wie im 20., und zwar aus gutem Grund, weil in keinem Jahrhundert der Wandel so schnell und so tiefgreifend war. Das *Mal du Siècle* war ein unvermeidliches Übel; Tatsächlich können wir mit einem gewissen Stolz behaupten, dass wir ein Recht auf unsere Accidie haben. Bei uns ist es keine Sünde oder eine Krankheit der Hypochondrien; Es ist ein Geisteszustand, den uns das Schicksal aufgezwungen hat.

IV
GEGENSTAND DER POESIE

Theoretisch sollte es möglich sein, aus allem, was der Geist des Menschen wahrnehmen kann, Poesie zu machen. Wir stellen jedoch fest, dass sich die meisten der besten Gedichte der Welt als historische Tatsache mit einem merkwürdig engen Themenspektrum begnügten. Die Dichter haben nur einen kleinen Bereich unseres Universums für sich beansprucht. Hin und wieder macht sich einer von ihnen, mutiger oder besser ausgerüstet als die anderen, daran, die Grenzen des Königreichs zu erweitern. Aber zumeist befassen sich die Dichter nicht mit neuen Eroberungen; Sie ziehen es vor, ihre Macht zu Hause zu festigen und in aller Stille ihren ererbten Besitz zu genießen. Die ganze Welt gehört potenziell ihnen, aber sie nehmen sie nicht. Was ist der Grund dafür und warum entspricht die poetische Praxis nicht der kritischen Theorie? Das Problem ist heutzutage von besonderer Relevanz und Bedeutung, da die junge Poesie die absolute Freiheit beansprucht, über alles, was ihr gefällt, zu sprechen, wie es ihr gefällt.

Wordsworth, dessen literarische Kritik, so trocken und abweisend sie auch sein mag, immer von einer durchdringenden Intelligenz erhellt wird, ging in seinem Vorwort zu *Lyrical Ballads auf dieses Problem ein* – berührte es und hatte, wie üblich, etwas Wertvolles zu sagen Es. Er spricht hier von den wichtigsten und interessantesten Themen, die theoretisch zur Poesie verarbeitet werden könnten, die aber in Wirklichkeit selten oder nie einer Transmutation unterzogen wurden: Er spricht von den Beziehungen zwischen Poesie und diese riesige Welt der Abstraktionen und Ideen – Wissenschaft und Philosophie –, in die so wenige Dichter jemals eingedrungen sind. „Die entferntesten Entdeckungen des Chemikers, des Botanikers oder Mineralogen werden ebenso geeignete Gegenstände der Kunst des Dichters sein wie alle anderen, mit denen er sich jetzt beschäftigt, wenn jemals die Zeit kommen sollte, in der uns diese Dinge und ihre Beziehungen vertraut sein werden unter denen sie betrachtet werden, sollen für uns als genießende und leidende Wesen offensichtlich und spürbar von Bedeutung sein." Es ist ein beeindruckender Satz; Aber lesen Sie es gut, lesen Sie den Rest der Passage, aus der es stammt, und Sie werden feststellen, dass es voller entscheidender Wahrheit ist.

Der Kern von Wordsworths Argumentation ist folgender. Alle Themen – „die entferntesten Entdeckungen des Chemikers" sind nur ein Beispiel für ein unwahrscheinliches poetisches Thema – können dem Dichter Material für seine Kunst liefern, unter einer Bedingung: dass er und in geringerem Maße sein Publikum dazu in der Lage sein wird das Thema mit einer bestimmten Emotion wahrnehmen. Das Thema muss irgendwie in das intime Wesen des Dichters eingebunden sein, bevor er es in Poesie verwandeln kann. Es reicht beispielsweise nicht aus, dass er es nur mit seinen Sinnen wahrnimmt. (Die Poesie der reinen Empfindung, der Klänge und leuchtenden Farben ist heutzutage weit verbreitet; aber so amüsant wir sie im Moment auch finden mögen, kann sie das Interesse nicht lange aufrechterhalten.) Am anderen Ende der Skala reicht es nicht aus , wenn er sein Thema rein intellektuell begreift. Eine abstrakte Idee muss mit einer Art Leidenschaft empfunden werden, sie muss etwas emotional Bedeutendes bedeuten, sie muss für den Dichter so unmittelbar und wichtig sein wie eine persönliche Beziehung, bevor er daraus Poesie machen kann. Mit einem Wort: Poesie muss von „freudigen und leidenden Wesen" geschrieben werden, nicht von Wesen, die ausschließlich mit Empfindungen oder, was ausschließlich bedeutet, mit Intellekt ausgestattet sind.

Wordsworths Kritik hilft uns zu verstehen, warum so wenige Themen jemals in Poesie umgesetzt wurden, obwohl alles unter der Sonne und darüber hinaus theoretisch für die Umwandlung in ein Kunstwerk geeignet ist. Tod, Liebe, Religion, Natur; die primären Emotionen und die ultimativen persönlichen Geheimnisse – sie bilden den Gegenstand der meisten der größten Gedichte. Und das aus offensichtlichen Gründen. Diese Dinge sind „für uns als genießende und leidende Wesen offensichtlich und spürbar materiell." Aber für die meisten Menschen, einschließlich der Allgemeinheit der Dichter, sind Abstraktionen und Ideen nicht unmittelbar und leidenschaftlich bewegend. Sie genießen oder leiden nicht, wenn sie diese Dinge begreifen – sie denken nur.

Die Männer, die sich leidenschaftlich für Abstraktionen begeistern, die Männer, für die Ideen wie berührende und beunruhigend lebendige Personen sind, sind sehr selten Dichter. Sie sind Männer der Wissenschaft und Philosophen, die sich mit der Suche nach der Wahrheit beschäftigen und nicht, wie der Dichter, mit dem Ausdruck und der Schaffung von Schönheit. Es kommt sehr selten vor, dass wir einen Dichter finden, der die Kraft und den Wunsch, sich auszudrücken, mit der leidenschaftlichen Auffassungsgabe für Ideen und der leidenschaftlichen Neugier auf seltsame, entfernte Tatsachen verbindet, die den Mann der Wissenschaft und den Philosophen charakterisieren. Wenn er über das erforderliche Sprachgefühl und den treibenden Wunsch verfügte, sich in Form von Schönheit auszudrücken, könnte Einstein die berauschendsten Texte über Relativitätstheorie und die Freuden der reinen Mathematik schreiben. Und wenn, sagen wir, Mr. Yeats die Einstein-Theorie verstanden hätte – was er, ebenso wie die meisten anderen lebenden Dichter, vermutlich ebenso wenig versteht wie der Rest von uns –, wenn er sie jubelnd als etwas Kühnes und Tiefgründiges, als etwas lebenswichtiges begreifen würde und wunderbar wahr, auch er könnte uns aus dem keltischen Zwielicht seine Texte der Relativität geben. Es sind diese beunruhigenden kleinen „Wenns", die dieser glücklichen Vollendung im

Wege stehen. Die Bedingungen, unter denen andere als die unmittelbarsten und offensichtlich bewegendsten Themen in Poesie verwandelt werden können, sind so selten erfüllt, die Kombination von Dichter und Wissenschaftler, Dichter und Philosoph ist so ungewöhnlich, dass die theoretische Universalität der Kunst nur sehr eingeschränkt ist gelegentlich auch in der Praxis umgesetzt.

Die zeitgenössische Poesie in der gesamten westlichen Welt besteht laut und nachdrücklich durch den Mund ihrer Propagandisten auf der absoluten Freiheit, darüber zu sprechen, was ihr gefällt, wie es ihr gefällt. Nichts könnte besser sein; Alles, was wir jetzt verlangen können, ist, dass die Dichter die Theorie in die Praxis umsetzen und dass sie die Freiheit, die sie beanspruchen, nutzen, indem sie die Grenzen der Poesie erweitern.

Die Propagandisten wollen uns glauben machen, dass die Themen der zeitgenössischen Poesie neu und verblüffend sind und dass moderne Dichter etwas tun, was noch nie zuvor getan wurde. „Die meisten der auf diesen Seiten vertretenen Dichter", schreibt Louis Untermeyer in seiner *Anthology of Modern American Poetry* , „haben in einer Welt ehrlicher und oft harter Realität ein frisches und kraftvolles Material gefunden." Sie reagieren auf den Zeitgeist; Ihre Ansichten haben sich nicht nur geändert, sondern ihr Blick wurde auch auf Dinge erweitert, die den Dichtern von gestern unbekannt waren. Sie haben gelernt, wahre Schönheit von bloßer Hübschheit zu unterscheiden, Lieblichkeit aus Elend zu erzwingen, Wunder an vernachlässigten Orten zu finden und selbst in den dunklen Höhlen des Unbewussten nach verborgenen Wahrheiten zu suchen." In die Praxis umgesetzt bedeutet dies, dass zeitgenössische Dichter nun, um es mit den Worten von Mr. Sandburg zu sagen, über „den Lärm und das Dröhnen der Brandfeuer", von „Wops und Bohunks" schreiben können. Das bedeutet in der Tat, dass es ihnen freisteht, das zu tun, was Homer getan hat: frei über die unmittelbar bewegenden Tatsachen des Alltags zu schreiben. Wo Homer über Pferde und Pferdebändiger schrieb, schreiben unsere Zeitgenossen über Züge, Autos und die verschiedenen Arten von Wops und Bohunks, die die Pferdestärken kontrollieren. Das ist alles. Es wurde viel zu viel Wert auf die Neuheit der neuen Poesie gelegt; Seine Neuheit ist einfach eine Rückkehr von der juwelenbesetzten Erlesenheit der 1890er Jahre zu den Fakten und Gefühlen des gewöhnlichen Lebens. Die Einführung von Maschinerie und Industrialismus, von Arbeitsunruhen und moderner Psychologie in die Poesie ist nichts an sich Neues oder Überraschendes: Diese Dinge gehören uns, sie beeinflussen uns täglich als genießende und leidende Wesen; Sie sind ein Teil unseres Lebens, so wie die Könige, die Krieger, die Pferde und Streitwagen, die malerische Mythologie Teil von Homers Leben waren. Der Gegenstand der neuen Poesie bleibt derselbe wie der der alten. Die alten Grenzen wurden nicht erweitert. Die neue Poesie wäre wirklich neu, wenn sie beispielsweise die neuen Ideen und erstaunlichen Fakten übernommen hätte, mit denen die neue Wissenschaft die moderne Welt ausgestattet hat. Es wäre wirklich neu darin, wenn eine zufriedenstellende künstlerische Methode für den Umgang mit Abstraktionen entwickelt worden wäre. Es hat nicht. Was einfach bedeutet, dass dieses seltene Phänomen, der Dichter, in dessen Geist Ideen eine Leidenschaft und eine persönliche treibende Kraft sind, nicht zufällig aufgetreten ist.

Und wie selten ist er in all der langen Vergangenheit aufgetaucht! Es gab Lucretius, den größten aller philosophischen und wissenschaftlichen Dichter. In ihm verbanden sich das leidenschaftliche Erfassen von Ideen und der Wunsch und die Fähigkeit, ihnen Ausdruck zu verleihen, zu jenem seltsamen und schönen Gedankenepos, das in der gesamten Literaturgeschichte seinesgleichen sucht. Da war Dante, in dessen Seele die mittelalterliche christliche Philosophie eine Kraft war, die jedes Gefühl, jeden Gedanken und jede Handlung formte und lenkte. Es gab Goethe, der eine enorme Verbreitung von Wissen und Ideen in schönen Ausdruck brachte. Und hier endet die Liste der großen Dichter des Denkens. Bei ihrer Aufgabe, die Grenzen der Poesie in die ferne und abstrakte Welt der Ideen auszudehnen, hatten sie einige kleinere Assistenten – Donne zum Beispiel, einen Dichter, der nur knapp hinter dem Größten zurückblieb; Fulke Greville, dieser seltsame, düstere Elisabethaner; John Davidson, der aus dem Darwinismus eine Art Poesie machte; und der interessanteste poetische Interpret der Wissenschaft des 19. Jahrhunderts, Jules Laforgue.

Welcher unserer Zeitgenossen kann von sich behaupten, die Grenzen der Poesie materiell erweitert zu haben? Es reicht nicht aus, über Lokomotiven und Telefone, „Wops und Bohunks" und alles andere geschrieben zu haben. Das erweitert nicht den Umfang der Poesie; es beansprucht lediglich sein Recht, sich mit den unmittelbaren Tatsachen des zeitgenössischen Lebens auseinanderzusetzen, wie es Homer und Chaucer taten. Die Kritiker, die uns glauben machen wollen, dass ein Bohunk (was auch immer ein Bohunk sein mag) etwas im Wesentlichen Unpoetisches und Sir Lancelot of the Lake etwas im Wesentlichen Poetisches an sich haben, sind natürlich einfach zu vernachlässigen; Sie können mit der gleichen Verachtung abgetan werden, wie wir die pseudoklassischen Kritiker abgetan haben, die sich den Freiheiten der Neuromantik widersetzten. Und die Kritiker, die es für sehr neu und großartig halten, Bohunks in die Poesie einzubeziehen, sind in ihren Ideen ebenso altmodisch.

Es wird nicht unnütz sein, die literarische Situation in unserem frühen 20. Jahrhundert mit der literarischen Situation im frühen 17. Jahrhundert zu vergleichen. In beiden Epochen sehen wir eine Reaktion gegen eine reiche und etwas formalisierte poetische Tradition, die sich in der Entschlossenheit äußert, die Bandbreite der Themen zu erweitern, zum wirklichen Leben zurückzukehren und natürlichere Ausdrucksformen zu verwenden. Der Unterschied zwischen den beiden Epochen liegt in der Tatsache, dass die Revolution des 20. Jahrhunderts das Produkt einer Reihe kleinerer Dichter war, von denen keiner mächtig genug war, um das zu erreichen, was er theoretisch vorhatte, während die Revolution des 17. Jahrhunderts das war Werk eines einzigen genialen Dichters, John Donne. Donne ersetzte den reichen Formalismus der nicht-dramatischen elisabethanischen Poesie durch einen völlig verwirklichten neuen Stil, den Stil der sogenannten metaphysischen Poesie des 17. Jahrhunderts. Er war ein Dichter-Philosoph-Mann der Tat, dessen leidenschaftliche Neugier auf Fakten es ihm ermöglichte, aus den unwahrscheinlichsten Aspekten des materiellen Lebens Poesie zu machen, und dessen leidenschaftliches Verständnis für Ideen es ihm ermöglichte, die Grenzen der Poesie über die Grenzen des materiellen Lebens hinaus auszudehnen das gemeinsame Leben und seine Emotionen in die Leere der intellektuellen Abstraktion. Er hat das ganze Leben und den ganzen Geist seiner Zeit in die Poesie gepackt.

Wir sind heute Metaphysiker ohne unsere Donne. Theoretisch steht es uns frei, aus allem im Universum Poesie zu machen; In der Praxis bleiben wir innerhalb der alten Grenzen, aus dem einfachen Grund, weil kein großer Mann erschienen ist, der uns zeigt, wie wir unsere Freiheit nutzen können. Ein gewisser Teil des Lebens des 20. Jahrhunderts ist in unserer Poesie zu finden, aber sehr wenig von ihrem Geist. Wir haben heute keinen Dichter wie diesen seltsamen alten Dekan von St. Paul vor dreihundert Jahren — keinen Dichter, der von den Höhen der scholastischen Philosophie zu den Höhen der fleischlichen Leidenschaft springen kann, von der Betrachtung der Göttlichkeit zur Betrachtung eines Flohs , von der hingebungsvollen Selbsterforschung bis zur Aufzählung der entferntesten äußeren Tatsachen der Wissenschaft, und verwandelt alles durch seine seltsam leidenschaftliche Auffassungsgabe in eine äußerst lyrische Poesie.

Die wenigen Dichter, die versuchen, zeitgenössische Ideen zum Inhalt ihrer Poesie zu machen, tun dies auf eine Weise, die beim Leser wenig Überzeugung oder Befriedigung hervorruft. Da ist Herr Noyes, der vier Versbände über die menschliche Seite der Wissenschaft schreibt – in seinem Fall leider allzu menschlich. Dann ist da noch Herr Conrad Aiken. Er ist vielleicht der erfolgreichste Vertreter zeitgenössischer Ideen in der Poesie. Es ist klar, dass in seinem Fall „die entferntesten Entdeckungen des Chemikers" mit einer gewissen Leidenschaft erfasst werden; Alle seine Gefühle sind von seinen Ideen geprägt. Das Problem mit Herrn Aiken besteht darin, dass seine Gefühle dazu neigen, in eine Art intellektuelle Sentimentalität zu verfallen, die sich in seinen erstaunlich fließenden, farbenfrohen Versen nur allzu leicht ausdrückt.

Man könnte die Liste mehr oder weniger interessanter Dichter verlängern, die in jüngster Zeit versucht haben, die Grenzen ihrer Kunst zu erweitern. Aber man würde unter ihnen keinen einzigen wirklich bedeutenden Dichter, keine große oder herausragende Persönlichkeit finden. Das 20. Jahrhundert wartet noch auf seinen Lucretius, auf seinen eigenen philosophischen Dante, auf seinen neuen Goethe, auf seinen Donne, sogar auf seinen modernen Laforgue. Werden sie erscheinen? Oder sollen wir weiterhin eine Poesie produzieren, in der nur ein schwacher Abglanz jenes geschäftigen und unaufhörlichen intellektuellen Lebens zu finden ist, das das charakteristische und charakteristische Merkmal dieser Zeit ist?

V
WASSERMUSIK

Das Haus, in dem ich wohne, wird vom Geräusch tropfenden Wassers heimgesucht. Immer, Tag und Nacht, Sommer wie Winter, tropft irgendwo etwas. Viele Monate lang führte eine unruhige Zisterne in ihrem eisernen Busen ein langes, hohles Selbstgespräch. Jetzt ist es stumm; aber es ist ein neuer und noch gewaltigerer Tropfen entstanden. Von der Spitze des Hauses aus lässt ein kleiner Auslauf – zweifellos der Überlauf eines unbekannten Gefäßes unter dem Dach – eine Reihe von Tropfen fallen, die fast einen ununterbrochenen Strom bilden. Es stürzt, fast ein Bach, steil zwölf bis fünfzig Fuß hinunter auf die Steine der Kellerstufen, um von dort schändlich in einen dafür vorgesehenen Abfluss zu tropfen. Die Katarakte blasen ihre Trompeten vom Steilufer her; aber meine kleineren Wasserfälle spielen eine subtilere, ich hätte fast gesagt, eine „modernere" Musik. Nachts liege ich wach und höre mit einer Mischung aus Vergnügen und Verärgerung seinen seltsamen Kadenzen zu.

Der musikalische Tonumfang eines tropfenden Wasserhahns beträgt etwa eine halbe Oktave. Aber innerhalb der Grenzen dieser großen Quarte können Drops die überraschendsten und abwechslungsreichsten Melodien spielen. Sie werden hören, wie sie mühsam kleine Tonstufen hinaufklettern, um dann mit einem einzigen Sprung wieder nach unten zu gelangen. Häufiger wandern sie unerklärlicherweise in unterschiedlichen Abständen umher, vertraut oder beunruhigend seltsam. Und mit der variierenden Tonhöhe variiert auch die Zeit, allerdings in engeren Grenzen. Denn die Gesetze der Hydrostatik oder was auch immer andere Wissenschaften für sich in Anspruch nehmen, wenn es um Tropfen geht, geben den Tröpfeln nicht viel Freiraum, entweder anzuhalten oder das Tempo ihres Fallens zu beschleunigen. Es ist eine seltsame Art von Musik. Man hört es, während man im Bett liegt und allmählich einschläft, mit einem seltsamen, unruhigen Gefühl.
Tropfen, Tropfen, Tropfen, Tropfen, Tropfen. So geht es weiter, diese wässrige Melodie, für immer und ohne Ende. Unschlüssig, inkonsequent, formlos ist es stets im Begriff, in Sinn und Form abzuweichen. Hin und wieder hören Sie eine komplette Phrase mit abgerundeter Melodie. Und dann – tropfend, tropfend, di-drap, di-drap – setzt die alte Konsequenz erneut ein. Aber nehmen wir an, es hätte eine Bedeutung! Es ist das, was meinen schläfrigen Geist beunruhigt, wenn ich nachts zuhöre. Vielleicht ist dieses endlose Tröpfeln für diejenigen, die Ohren zum Zuhören haben, ebenso gedanken- und gefühlvoll und bedeutsam wie ein Stück Bach. Tropfen, Di-Drap, Di-Drap. So wenig würde ausreichen, um die Inkohärenz in Bedeutung umzuwandeln. Die Musik der Tropfen ist Symbol und Typus des

gesamten Universums; es ist sozusagen für immer asymptotisch zur Sinneswahrnehmung, der Bedeutung unendlich nahe, berührt sie aber nie. Niemals, es sei denn, der menschliche Geist kommt und zieht ihn gewaltsam über den trennenden Raum. Wenn ich diese wandernde Musik verstehen könnte, wenn ich in ihr eine Reihenfolge erkennen könnte, wenn ich sie zu einem Abschluss zwingen könnte – das Diapason, das ganz in Gott endet, im Geiste, es ist mir egal, was, solange es in etwas Bestimmtem endet – dann, so denke ich, sollte ich die ganze unverständliche Maschinerie verstehen, von den Lücken zwischen den Sternen bis zur Politik der Alliierten. Und immer schläfriger und schläfriger lausche ich der unaufhörlichen Melodie, dem hohlen Monolog in der Zisterne, dem scharfen metallischen Klopfen der Tropfen, die vom Dach auf die Steine darunter fallen; und sicherlich fange ich an, eine Bedeutung zu entdecken, sicherlich entdecke ich eine Spur von Gedanken, sicherlich folgen die Sätze kunstvoll aufeinander und führen unweigerlich zu einer erstaunlichen Schlussfolgerung. Fast habe ich es geschafft, fast, fast... Dann schätze ich, dass ich definitiv einschlafe. Denn das nächste, was mir bewusst wird, ist, dass das Sonnenlicht hereinströmt. Es ist Morgen und das Wasser tropft immer noch so irritierend und anhaltend wie eh und je.

Manchmal ist die Inkohärenz der Drop-Musik zu viel, um sie zu ertragen. Der Zuhörer besteht darauf, dass die Asymptote irgendwie die Sinneslinie berühren soll. Er zwingt die Tropfen, etwas zu sagen. Er verlangt von ihnen, dass sie, sagen wir, „God Save the King" oder die Hymne an die Freude aus der Neunten Symphonie oder *Voi che Sapete spielen sollen* . Die Tropfen gehorchen widerstrebend; Sie spielen, was Sie sich wünschen, aber mit mehr als der Unfähigkeit eines Kindes am Klavier. Trotzdem spielen sie es irgendwie. Dies ist jedoch eine äußerst gefährliche Methode, um den eindringlichen Geist zu töten, dessen Stimme wie ein Tropfen Wasser ist. Denn sobald Sie den Tropfen etwas zum Singen oder Sagen gegeben haben, werden sie es für immer weiter singen und sagen. Der Schlaf wird unmöglich, und bei der zwei- oder dreihundertsten Wiederholung von *Madelon* oder auch nur einer Arie von *Figaro* beginnt der Geist in den Wahnsinn zu taumeln.

Tropfen, tickende Uhren, Maschinen, alles, was pocht oder klickt oder brummt oder hämmert, kann mit ein wenig Ausdauer dazu gebracht werden, etwas zu sagen. Ich erinnere mich, dass mir in meiner Kindheit gesagt wurde, dass in den Zügen gesagt wurde: „Nach Lancashire, nach Lancashire, um einen Taschentaschenschneider zu holen" – und *da capo* bis ins Unendliche. Auf Wunsch können sie auch die nützliche Information wiederholen: „Um den Zug anzuhalten, ziehen Sie die Kette herunter." Aber es ist sehr schwer, sie davon zu überzeugen, die bedrohliche Konsequenz hinzuzufügen: „Strafe für missbräuchliche Verwendung fünf Pfund." Dennoch ist es mir durch sorgfältige Nachhilfe gelungen, einem Zug beizubringen, selbst diesen unrhythmischen Satz zu wiederholen.

Dadaistische Literatur erinnert mich immer ein wenig an meine fallenden Tropfen. Wenn ich damit konfrontiert werde, verspüre ich das gleiche unangenehme Gefühl, das die unbeständige Musik des Wassers in mir hervorruft. Nehmen wir schließlich an, dass diese scheinbar zufällige Wortfolge das Geheimnis der Kunst, des Lebens und des Universums enthalten sollte! Es kann; Wer weiß? Und hier bin ich, alleingelassen in der Kälte des völligen Unverständnisses; und ich brüte über dieser Literatur und betrachte sie verkehrt herum in der Hoffnung, dieses Geheimnis zu entdecken. Aber irgendwie gelingt es mir nicht, den Worten irgendeine Bedeutung zu verleihen. Drip Drop, Di-Drap, Di-Drap – Tzara und Picabia lassen ihre Worte fallen und ich bin verblüfft. Aber ich sehe, dass diese Art von Literatur große Möglichkeiten bietet. Für den müden Journalisten ist es ideal, da nicht er, sondern der Leser die ganze Arbeit machen muss. Alles, was er tun muss, ist, sich in seinem Stuhl zurückzulehnen und die Worte aus der Düse seines Füllfederhalters tropfen zu lassen. Tropfen, Tropfen....

VI
VERGNÜGEN

Wir haben seit 1914 viel über die Dinge gehört, die eine Bedrohung für die Zivilisation darstellen. Zuerst war es der preußische Militarismus; dann die Deutschen im Allgemeinen; dann die Verlängerung des Krieges; dann die Verkürzung desselben; dann, nach einiger Zeit, der Vertrag von Versailles; dann der französische Militarismus – ständig begleitet von so kleinen Bedrohungen wie der Prohibition, Lord Northcliffe, Mr. Bryan, Comstockery ...

Die Zivilisation hat den kombinierten Angriffen dieser Feinde jedoch wunderbar widerstanden. Denn im Jahr 1923 ist es immer noch nicht sehr weit von dem Stand entfernt, den es in dem „Riesenzeitalter vor der Sintflut", neun Jahre später, hatte. Wo im Verhältnis zum Neandertaler einerseits und zu Athen andererseits genau stand, *ist* eine Frage, die jeder nach seinem Geschmack beantworten kann. Die wichtige Tatsache ist, dass diese Bedrohungen für unsere Zivilisation, wie sie ist – Bedrohungen, einschließlich des größten Krieges und des dümmsten Friedens, die die Geschichte je gesehen hat –, sich an den meisten Orten und bis jetzt auf bloße Drohungen beschränkt haben und wütender bellen als beißen.

Nein, die Gefahren, mit denen unsere Zivilisation konfrontiert ist, sind nicht so sehr die äußeren Gefahren – wilde Menschen, Kriege und der Bankrott, den Kriege nach sich ziehen. Die besorgniserregendsten Gefahren sind diejenigen, die von innen heraus bedrohen, die eher den Geist als den Körper und Zustand des heutigen Menschen bedrohen.

Von all den verschiedenen Giften, die die moderne Zivilisation durch einen Prozess der Selbstvergiftung in aller Stille in ihren Eingeweiden hervorbringt, sind meiner Meinung nach nur wenige tödlicher (während keines harmloser erscheint) als dieses seltsame und entsetzliche Ding, das es gibt technisch bekannt als „Vergnügen". „Vergnügen" (ich setze das Wort zwischen Anführungszeichen, um zu zeigen, dass ich nicht echtes Vergnügen meine, sondern die organisierten Aktivitäten, die offiziell unter demselben Namen bekannt sind) „Vergnügen" – was für Albtraumvisionen das Wort hervorruft! Wie jeder Mensch mit Verstand und gutem Gefühl verabscheue ich die Arbeit. Aber ich würde lieber acht Stunden am Tag in einem Regierungsbüro verbringen, als dazu verdammt zu sein, ein Leben voller „Vergnügen" zu führen; Ich glaube sogar, dass ich am liebsten jährlich eine Million Wörter Journalismus schreiben würde.

Die Schrecken des modernen „Vergnügens" ergeben sich aus der Tatsache, dass jede Art organisierter Ablenkung dazu neigt, immer dämlicher zu werden. Es gab eine Zeit, in der sich die Menschen Ablenkungen gönnten, die eine gewisse intellektuelle Anstrengung erforderten. Im 17. Jahrhundert beispielsweise hatten königliche Persönlichkeiten und ihre Höflinge große Freude daran, gelehrten Predigten (z. B. Dr. Donnes) und akademischen Debatten über theologische oder metaphysische Fragen zuzuhören. Ein Teil der Unterhaltung, die dem Prinzen von der Pfalz anlässlich seiner Hochzeit mit der Tochter von James I. geboten wurde, war eine syllogistische Auseinandersetzung – ich weiß nicht mehr, welches philosophische Thema – zwischen dem liebenswürdigen Lord Keeper Williams und einer Truppe unbedeutender Cambridge-Logiker. Stellen Sie sich die Gefühle eines zeitgenössischen Prinzen vor, wenn ihm eine treue Universität eine ähnliche Unterhaltung bieten würde!

Königliche Persönlichkeiten waren nicht die einzigen Menschen, die intelligente Vergnügungen genossen. Im elisabethanischen Zeitalter konnte man sich darauf verlassen, dass jede Dame und jeder Herr der gewöhnlichen Kultur bei Bedarf ihre Rolle in einem Madrigal oder einer Motette übernahm. Wer die enorme Komplexität und Subtilität der Musik des 16. Jahrhunderts kennt, wird erkennen, was das bedeutet. Um ihrer Lieblingsbeschäftigung nachgehen zu können, mussten unsere Vorfahren ihren Geist in ungewöhnlichem Maße anstrengen. Selbst der ungebildete Vulgärmensch erfreute sich an Vergnügungen, die die Ausübung einer gewissen Intelligenz, Individualität und Eigeninitiative erforderten. Sie hörten zum Beispiel *Othello*, *König Lear* und *Hamlet zu* – offenbar mit Freude und Verständnis. Sie sangen und machten viel Musik. Und weit weg, in dem abgelegenen Land, durchliefen die Bauern Jahr für Jahr die traditionellen Riten – die Tänze des Frühlings und des Sommers, die Wintermummen, die Zeremonien der Ernteheimkehr – passend zu jeder Jahreszeit. Ihre Freuden waren intelligent und lebendig, und sie waren es, die sich aus eigener Kraft unterhielten.

Wir haben das alles geändert. Anstelle der alten Vergnügungen, die Intelligenz und persönliche Initiative erfordern, haben wir riesige Organisationen, die uns fertige Ablenkungen bieten – Ablenkungen, die von Vergnügungssüchtigen keinerlei persönliche Beteiligung und keinerlei intellektuelle Anstrengung verlangen. In den endlosen Demokratien der Welt bringen eine Million Kinos den gleichen abgestandenen Blödsinn mit sich. Es gab schon immer viertklassige Schriftsteller und Dramatiker; Aber ihre Werke starben in der Vergangenheit schnell, ohne über die Grenzen der Stadt oder des Landes hinauszukommen, in denen sie erschienen. Heute gehen die Erfindungen des Drehbuchautors von Los Angeles aus in die ganze Welt. Unzählige Zuschauer tauchen passiv in das laue Bad des Unsinns ein. Von ihnen wird keine geistige Anstrengung verlangt, keine Teilnahme; Sie müssen nur sitzen und die Augen offen halten.

Wollen die Demokratien Musik? Früher hätten sie es selbst gemacht. Jetzt schalten sie nur noch das Grammophon ein. Oder wenn sie etwas moderner sind, stellen sie ihr Mobiltelefon auf die richtige Wellenlänge ein und lauschen der fruchtigen Altstimme im Marconi House, die „The Gleaner's Slumber Song" singt.

Und wenn sie Literatur wollen, gibt es die Presse. Nominell ist die Presse zwar dazu da, Informationen zu vermitteln. Aber seine eigentliche Funktion besteht darin, wie das Kino eine Ablenkung zu bieten, die den Geist beschäftigt, ohne ihm die geringste Anstrengung oder die Ermüdung eines einzigen Gedankens abzuverlangen. Diese Funktion wird, das muss man zugeben, mit außerordentlichem Erfolg erfüllt. Es ist möglich, jahrelang so weiterzumachen und jeden Arbeitstag zwei Zeitungen und sonntags eine zu lesen, ohne jemals zum Nachdenken oder zu einer anderen Anstrengung aufgefordert zu werden, als den Blick nicht sehr aufmerksam durch die gedruckte Spalte zu bewegen.

Bestimmte Teile der Gemeinschaft betreiben immer noch Sportsportarten, bei denen die Teilnahme des Einzelnen erforderlich ist. Ein großer Teil der Mittel- und Oberschicht spielt persönlich Golf und Tennis und, wenn sie ausreichend reich sind, schießt er Vögel, jagt dem Fuchs nach und fährt in den Alpen Ski. Aber die große Masse der Gesellschaft ist inzwischen sogar dazu übergegangen, stellvertretend Sport zu treiben, und zieht das Zuschauen von Fußball den Strapazen und Gefahren des eigentlichen Spiels vor. Zwar wird in allen Klassen noch getanzt; Aber tanzen Sie auf der ganzen Welt mit den gleichen Schritten zu den gleichen Melodien. Der Tanz wurde gewissenhaft von jeglicher lokalen oder persönlichen Individualität befreit.

Diese mühelosen Freuden, diese vorgefertigten Ablenkungen, die für jeden in der gesamten westlichen Welt gleich sind, sind sicherlich eine größere Bedrohung für unsere Zivilisation, als es die Deutschen jemals waren. Die Arbeitszeit des Tages ist für die große Mehrheit der Menschen bereits mit der Ausführung rein mechanischer Aufgaben beschäftigt, bei denen keine geistige Anstrengung, keine Individualität, keine Initiative erforderlich ist. Und jetzt, in den Stunden unserer Freizeit, wenden wir uns Ablenkungen zu, die ebenso mechanisch stereotyp sind und ebenso wenig Intelligenz und Initiative erfordern wie unsere Arbeit. Fügen Sie dieser Arbeit so viel Muße hinzu, und das Ergebnis ist ein perfekter Tag, dessen Ende eine segensreiche Erleichterung ist.

Auf diese Weise selbstvergiftet sieht die Zivilisation so aus, als ob sie leicht in eine Art vorzeitige Senilität verfallen könnte. Mit einem durch mangelnden Gebrauch fast verkümmerten Geist, der nicht in der Lage ist, sich selbst zu unterhalten, und der an den vorgefertigten Ablenkungen, die von außen angeboten werden, so müde und uninteressiert geworden ist, dass nichts außer den gröbsten Stimulanzien einer immer größer werdenden Gewalt und Grobheit ihn bewegen kann, ist die Demokratie der Die Zukunft wird von chronischer und tödlicher Langeweile erkranken. Es wird vielleicht so weitergehen wie die Römer: Die Römer, die schließlich kamen, um, genau wie wir es jetzt tun, die Fähigkeit zu verlieren, sich abzulenken; die Römer, die wie wir von vorgefertigten Unterhaltungen lebten, an denen sie nicht teilnahmen. Ihre tödliche Langeweile verlangte nach immer mehr Gladiatoren, immer mehr Elefanten, die auf dem Seil tanzen, und immer mehr seltenen und weit hergeholten Tieren, die abgeschlachtet werden mussten. Unsere würden nicht weniger verlangen; aber aufgrund der Existenz einiger Idealisten bekommt er nicht alles, was er braucht. Die gewalttätigsten Formen der Unterhaltung können nur illegal erlangt werden; Um die Vorliebe für Gemetzel und Grausamkeit zu befriedigen, müssen Sie Mitglied des Ku-Klux-Klans werden. Lassen Sie uns jedoch nicht verzweifeln; Vielleicht erleben wir noch, wie Blut über die Bühne des Hippodroms fließt. Die Kraft einer Langeweile, die nach Linderung verlangt, könnte sich für die Idealisten doch als zu viel erweisen.

VII
MODERNE VOLKSPOESIE

Allen, die sich für das „Volk" und seine Poesie interessieren – das zeitgenössische Volk der Großstädte und seine urbane Muse – würde ich eine wenig bekannte Zeitschrift namens „ *McGlennon's Pantomime Annual*" *empfehlen* . Diese Zeitschrift erscheint irgendwann im neuen Jahr, wenn die Pantos unter dem Einfluss des nahenden Frühlings langsam verdorren. Ich nutze diese Gelegenheit, um meine Leser zu warnen, aufmerksam auf die nächste Ausgabe zu achten. Es ist sicher die bescheidenen zwei Pence wert, die man dafür zahlen muss.

McGlennons Pantomime Annual ist eine Anthologie mit den Texten der beliebtesten Lieder der Panto-Saison. Es handelt sich um ein Dokument erster Güte. Für den zukünftigen Studenten unserer Populärliteratur wird *McGlennon* ebenso wertvoll sein wie die Christie-Miller-Sammlung elisabethanischer Flugblätter. Im Jahr 2220 könnte ein Exemplar des *Pantomime Annual* höchstwahrscheinlich für Hunderte von Pfund bei Sotheby's der damaligen Zeit verkauft werden. Mit lobenswerter Voraussicht bewahre ich mein Exemplar des letztjährigen *McGlennon* zur Bereicherung meiner fernen Nachwelt auf.

Die Volksdichtung von 1920 lässt sich am besten nach Themen klassifizieren. Erstens ist es die Poesie der Leidenschaft, sowohl aufgrund ihrer zarten Assoziationen als auch aufgrund ihrer bloßen Menge. Dann gibt es noch die Poesie der kindlichen Hingabe. Als nächstes die Poesie des Zuhauses – das liebe alte irdische Zuhause in Oregon oder Kentucky – und ergänzend dazu die Poesie des spirituellen Zuhauses in anderen und glücklicheren Welten. Hier und im nächsten Abschnitt entlehnt die populäre Lyrik einige ihrer besten Wirkungen aus der Hymnologie. Es folgen die Poesie der Erinnerung und des Bedauerns und die Poesie der Nationalität, ein Typus, der fast ausschließlich dem Lob Irlands gewidmet ist. Diese Typen und ihre Variationen decken die ernste Poesie des Volkes ab. Ihre komische Ader lässt sich weniger analysieren. Trinken, Ehefrauen, junge Verrückte, Flitterwochenpaare – das sind einige der Standardthemen.

Die Liebespoesie des Volkes wird, wie die Liebeslyrik kultivierterer Dichter, in zwei Arten unterteilt: die Poesie der spirituellen Liebe und den direkteren und konkreteren Ausdruck des unmittelbaren Verlangens. *McGlennon* liefert zahlreiche Beispiele für beide Arten:

Wenn die Liebe durch das Fenster deines Herzens guckt

[es könnte die erste Zeile eines Shakespeare-Sonetts sein]

Du scheinst auf Luft zu gehen,

Vögel singen dir ihre süßen Lieder,

Keine Wolke in deinem blauen Himmel,

Sonnenschein den ganzen schönen Tag usw.

Diese Rhapsodien neigen dazu, etwas langweilig zu werden. Aber man spürt die warme Berührung der Realität in sich

Ich möchte kuscheln, ich möchte kuscheln,

Ich kenne einen gemütlichen Ort für zwei.

Ich möchte kuscheln, ich möchte kuscheln,

Ich möchte spüren, dass Liebe wahr ist.

Nimm mich in deine Arme, wie es Liebende tun.

Halte mich ganz fest und küsse mich auch.

Ich möchte kuscheln, ich möchte kuscheln,

Ich möchte mich eng an dich kuscheln.

Das ist gesund; aber es kommt nicht an die besten populären Texte heran. Die qualvolle Leidenschaft, die in den Worten und der Musik von „You Made Me Love You" zum Ausdruck kommt, ist etwas, das man nicht so leicht vergisst, obwohl dieses großartige Lied so alt ist wie die mittlerweile fernen Ursprünge des Ragtime.

Die Poesie der kindlichen Hingabe ist fast so umfangreich wie die Poesie der Liebe. *Bei McGlennon* wimmelt es von solchen Ausbrüchen:

Du bist eine wundervolle Mutter, liebe alte Mutter von mir.

Du wirst einen Platz tief in meinem Herzen behalten

Bis die Sterne nicht mehr leuchten.

Deine Seele soll ewig leben,

Weiter durch die Felder der Zeit,

Denn für mich wird es nie einen anderen geben

Wie meine wundervolle Mutter.

Sogar Großmutter bekommt Anteil an dieser Hingabe:

Oma, meine eigene, ich scheine zu hören, wie du mich rufst;

Oma, meine eigene, du bist meine süßeste Erinnerung ...

Wenn oben im Himmel Engel herrschen,

Unter den Engeln musst du die Königin sein.

Oma, meine eigene, ich vermisse dich immer mehr.

Die letzten Zeilen sind besonders reichhaltig. Was für eine faszinierende Häresie, zu behaupten, dass die Engel über ihren Schöpfer herrschen!

Die Poesie der Erinnerung und des Bedauerns verdankt der Hymne sowohl in Wort als auch in Musik am meisten. *McGlennon* liefert in „Back from the Land of Yesterday" ein ausgewähltes Beispiel:

Zurück aus dem Land von gestern,

Zurück zu den Freunden von einst;

Zurück durch den dunklen und trostlosen Weg

Noch einmal ins Licht.

Zurück zum Herzen, das auf mich wartet,

Gewärmt vom Sonnenschein oben;

Zurück aus dem alten Land der Träume von gestern

In ein neues Land des Lebens und der Liebe.

Was es bedeutet, weiß nur Gott. Aber man kann sich vorstellen, dass es, versenkt zu einer langsamen Musik im Dreivierteltakt – einer reichen religiösen Walzermelodie – äußerst erhebend und erbaulich wäre. Der Verfall des regulären Kirchgangs hat unweigerlich dazu geführt, dass die Hymne den Musiksaal erobert hat. Die Menschen möchten immer noch das gute, erhebende Gefühl spüren, und sie spüren es mit aller Macht, wenn sie Lieder darüber hören

das Land des Neuanfangs,

Wo der Himmel immer blau ist ...

Wo zerbrochene Träume wahr werden.

Der große Vorteil des Musiksaals gegenüber der Kirche besteht darin, dass die erhebenden Momente nicht allzu lange anhalten.

Zum Abschluss gibt es noch das tolle Home-Motiv. „Ich möchte sein", beginnen diese Texte immer, „Ich möchte fast überall sein, wo ich nicht gerade bin." M. Louis Estève hat diese Sehnsucht „Le Mal de la Province" genannt, was wiederum eng mit „Le Mal de l'au-delà" verwandt ist. Es ist eines der schlimmsten Symptome der Romantik.

Dampfgarer, balançant ta reifen,

Lève l'ancre vers une exotique nature,

ruft Mallarmé aus , und das Volk, das dieser erlesenste aller Dichter verabscheute und verachtete, wiederholt seine Worte in hundert verschiedenen Tonarten. Es gibt keinen Staat in Amerika, in den sie nicht gehen wollen. In *McGlennon* finden wir Sehnsüchte nach Kalifornien, Ohio, Tennessee, Virginia und Georgia. Manche seufzen nach Irland, Devon und dem Osten. "Ägypten! Ich rufe dich an; Oh, das Leben ist süß und die Freude vollkommen, wenn ich zu deinen Füßen liege . " Aber die Südstaaten, der Osten, Devon und Killarney reichen nicht aus. Der Mal de l'au-delà ist der Nachfolger des Mal de la Province. Das Volk sehnt sich nach außerirdischen Welten. Hier ist zum Beispiel ein Ausdruck der Nostalgie nach einem mystischen „Königreich in deinen Augen":

Irgendwo in den Augen von jemandem

Ist ein Ort einfach göttlich,

Umgeben von Rosen, die den Tau küssen

In diesen lieben Augen, die leuchten.

Irgendwo jenseits irdischer Träume,

Wo die Blume der Liebe niemals stirbt,

Gott hat die Welt geschaffen und er hat sie mir gegeben

In diesem Königreich in deinen Augen.

Wenn es ein Merkmal gibt, das die zeitgenössische Volksdichtung von der Volksdichtung anderer Zeiten unterscheidet, dann ist es sicherlich ihre Bedeutungslosigkeit. Alte Volksdichtung ist einzigartig direkt und auf den Punkt gebracht, voller prägnanter Bedeutung, niemals vage. Moderne Volksdichtung, wie sie in *McGlennon zum Ausdruck kommt* , ist nahezu vollkommen sinnlos. Der elisabethanische Bauer oder Mechaniker hätte niemals zugestimmt, etwas so aufgeblasenes Bedeutungsloses wie „Zurück aus dem Land von gestern" oder „Das Königreich in deinen Augen" zu singen oder anzuhören. Sein Geschmack war etwas Klares, Definitives und Prägnantes wie „Greensleeves":

Und jeden Morgen, wenn du aufstehst,

Ich habe dir die Leckereien ordentlich gebracht,

Um deinen Magen von allen Sorgen zu befreien –

Und doch würdest du mich nicht lieben.

Könnte etwas logischer und auf den Punkt gebrachter sein? Aber statt Logik, statt Klarheit werden wir von unseren professionellen Entertainern mit dem albernen Blödsinn von „Oma, meine eigene" versorgt. Kann es sein, dass der Intelligenzstandard heute niedriger ist als vor dreihundert Jahren? Haben sich Zeitungen und Kinos und jetzt auch das drahtlose Telefon verschworen, um der Menschheit den Realitätssinn und die Fähigkeit zu individueller Fragestellung und Kritik zu rauben, die sie einst besaß? Ich wage nicht zu antworten. Aber die Tatsache von *McGlennon* muss irgendwie erklärt werden. Wie? Ich belasse das Problem lieber bei einem Verhörzettel.

VIII
BIBLIOPHIE

Die Bibliophilie nimmt zu. Es ist eine Feststellung, die ich mit Bedauern mache; denn der Standpunkt des Bibliophilen ist, zumindest für mich, unsympathisch und sein Wertemaßstab fehlerhaft. Bei den Franzosen scheint die Bibliophilie zu einer Art Manie geworden zu sein, und zwar zu einer hochorganisierten und gründlich ausgebeuteten Manie. Wann immer ich ein neues französisches Buch bekomme, wende ich mich sofort dem Vorsatzblatt zu – denn was einen abstößt und irritiert, hat immer eine gewisse abscheuliche Faszination. Man war es immer gewohnt, dort eine kurze Beschreibung der „vingt exemplaires sur papier hollande Van Gelder" zu finden; Niemand hatte Einwände gegen den bescheidenen alten Holländer, dessen Zeitung den Präsentationsexemplaren des Autors ein so hübsches Aussehen verlieh. Aber Van Gelder ist jetzt eine Rückennummer. In diesem dritten Jahrzehnt des 20. Jahrhunderts ist er insgesamt zu einfach und unkultiviert geworden. Auf dem Vorsatzblatt einer *dernière nouveauté* finde ich die folgende Beschwörungsformel, die in Druckbuchstaben gedruckt ist und mindestens zwanzig Zeilen einnimmt:

Dieses Werk ist schon längst ermüdet, nach besonderen Auflagen, 133 Exemplare in 4. Erzählen Sie auf reinem Papier von Lafuma-Navarre, filigran aus der *Nouvelle Revue Française* , nicht 18 außerbörsliche Exemplare, Marken von A bis R, 100 für Bibliophile reservierte Exemplare der *Nouvelle Revue Française* , Nummern I bis C, 15 Beispiele von CI bis CXV; 1040 exemplaires sur papier vélin pur-fil Lafuma-Navarre, dont dix exemplaires hors commerce marqués de a à j, 800 exemplaires réservés aux amis de l'Edition originale, numérotés de 1 à 800, 30 exemplaires d'auteur, hors commerce, numérotés Von 801 bis 830 und 200 Exemplaren mit den Nummern 831 bis 1030 ist diese Lieferung Eigentum und Echtheit der Originaledition.

Wenn ich einer der hundert Bibliophilen der *Nouvelle Revue Française* oder sogar einer der achthundert Freunde der Originalausgabe wäre, würde ich mit größter Höflichkeit vorschlagen, dass die Verleger vielleicht etwas Besseres von ihren Mitmenschen verdienen würden, wenn sie weniger ausgeben würden Ich lege großen Wert auf die Nummerierung der Erstausgabe und darauf, dass sie ordnungsgemäß produziert wurde. Ich persönlich bin der Freund jeder Ausgabe, die einigermaßen gut gedruckt und gebunden, einigermaßen korrekt im Text und einigermaßen sauber ist. Das Bewusstsein, dass ich ein nummeriertes Exemplar einer auf Lafuma-Navarre-Papier gedruckten Ausgabe besitze, die ordnungsgemäß mit den Initialen des Herausgebers versehen ist, gleicht nicht die Tatsache aus, dass das Buch voller grober Druckfehler ist und dass ein ganzes Blatt mit sechzehn Seiten davon betroffen ist wanderte während des Bindevorgangs von einem Ende des Bandes zum anderen – Vorkommnisse, die in der Geschichte der französischen Buchproduktion völlig unnötig häufig vorkommen.

Mit der zunehmenden Aufmerksamkeit, die bibliophilen Feinheiten gewidmet wird, ist ein starker Preisanstieg einhergegangen. Limited *éditions de luxe* sind in Frankreich absurd verbreitet geworden, und es gibt Dutzende kleiner Verlage, die fast nichts anderes produzieren. Autoren wie Monsieur André Salmon und Monsieur Max Jacob erscheinen kaum für weniger als zwanzig Franken pro Band. Selbst mit Umtausch ist das ein beachtlicher Preis; Und doch scheinen die französischen Bibliophilen, für die zwanzig Francs eigentlich zwanzig Francs sind, einen unstillbaren Appetit auf diese kleinen und schönen Ausgaben zu haben. Der Krieg hat ein neues Wirtschaftsgesetz eingeführt: Je ärmer man wird, desto mehr kann man sich leisten, für Luxus auszugeben.

Der gewöhnliche englische Verleger hat sich nie für Van Gelder-, Lafuma-Navarre- und nummerierte Ausgaben entschieden. Er hält sich mit Zahlen zurück und überlässt es dem Büchersammler, die künftige Seltenheit der Erstausgabe durch Vermutungen abzuschätzen. Er schafft keine künstlichen Knappheitswerte. Der Sammler zeitgenössischer englischer Erstausgaben ist ein reiner Spekulant; Er weiß nie, welche Zeit ihn erwartet.

Im Bilderhandel hat seit Jahren niemand behauptet, dass es einen bestimmten Zusammenhang zwischen dem Preis eines Bildes und seinem Wert als Kunstwerk gäbe. Ein prächtiger El Greco wird für etwa ein Zehntel der Summe gekauft, die für einen Romney gezahlt wird, der von jedem hängenden Komitee mit Selbstachtung verurteilt würde. Wir sind an solche Dinge im Umgang mit Bildern so gewöhnt, dass wir fast aufgehört haben, dazu Stellung zu nehmen. Aber im Buchhandel ist die Tendenz, riesige künstliche Werte zu schaffen, erst in der Spätphase. Das Schauspiel, dass ein einzelnes Buch für fünfzehntausend Pfund gekauft wird, ist immer noch neu genug, um Empörung zu erregen. Darüber hinaus hat der Büchersammler, der Unsummen für seine Schätze ausgibt, noch weniger Entschuldigungen als der Bildersammler. Der Wert eines alten Buches ist ausschließlich ein Seltenheitswert. Aus einem Bild kann man ein echtes ästhetisches Vergnügen ziehen; Mit dem Kauf eines Bildes erwirbt man das einzigartige Recht, dieses Vergnügen zu empfinden. Aber niemand kann behaupten, dass „*Venus und Adonis*" entzückender ist, wenn es in einem 15.000 Pfund teuren Einzelexemplar gelesen wird, als wenn es in einem Band gelesen wird, der einen Schilling gekostet hat. Im Großen und Ganzen dürfte der Druck und das allgemeine Erscheinungsbild des Schillingbuchs das bessere von beiden sein. Der Käufer des sagenhaft teuren alten Buches befriedigt nur seinen Besitztrieb. Der Käufer eines Bildes kann auch ein echtes Gefühl für Schönheit haben.

Der Triumph und die *reductio ad absurdum* der Bibliophilie wurden vor nicht allzu langer Zeit bei Sotheby's beobachtet, als der verstorbene Mr. Smith aus New York bei der Britwell Court-Auktion in weniger als zwei Stunden Bücher im Wert von achtzigtausend Pfund kaufte. Es heißt, der Krieg habe in Amerika vierzigtausend neue Millionäre hervorgebracht; An potenziellen Kunden dürfte es dem New Yorker Buchhändler nicht gefehlt haben. Er kaufte ein Tausend-Guinea-Bänder, wie ein gewöhnlicher Mensch etwas aus dem Six-Penny-Regal in einem Second-Hand-Laden kaufen würde. Ich habe selten ein Schauspiel gesehen, das in mir einen stärkeren Anflug moralischer Empörung hervorrief . Natürlich ist moralische Empörung immer ganz oder teilweise als versteckte Manifestation einer unedlen Leidenschaft zu misstrauen. In diesem Fall war der Hauptgrund meiner Empörung eindeutig Neid. Aber es gab, wie ich mir schmeichle, einen Überbau uneigennütziger moralischer Gefühle. Ein Buch zu einem teuren Luxusgegenstand herabzuwürdigen bedeutet in Miltons Sprache genauso „das Bild Gottes sozusagen im Auge zu töten" wie es zu verbrennen. Und wenn man bedenkt, wofür diese achtzigtausend Pfund ausgegeben worden sein könnten ... Na ja!

IX
DEMOKRATISCHE KUNST

In einer Menschenmenge herrscht Rausch. Denn es ist gut, einer von vielen zu sein, die alle das Gleiche tun – gut, was auch immer es sein mag, sei es das Singen von Hymnen, das Anschauen eines Fußballspiels oder der Applaus für die ewigen Wahrheiten der Politiker. Alles wird als Ausrede dienen. Es spielt keine Rolle, in wessen Namen eure zwei- oder dreitausend versammelt sind; Wichtig ist der Prozess des Sammelns. In diesen letzten Tagen haben wir ein äußerst aufschlussreiches Beispiel für diese Tendenz erlebt, nämlich den wilden Ausbruch der Aufregung des Mobs über die Ankunft von Mary Pickford in diesem Land. Es ist nicht so, dass sich die Leute wirklich sehr für das kleine Schatz dieser Welt interessiert hätten. Sie ist nichts weiter als ein Vorwand, um sich in einer Menschenmenge zu versammeln und ein starkes Gemeinschaftsgefühl zu wecken. Die Zeitungen sorgten für Aufregung; Sie machten das Feuer, zündeten das Streichholz an und genossen die kleine Flamme. Die Menge, die sich nur allzu gerne darüber freute, angefeuert zu werden, tat ihr Übriges; sie brannten.

Ich gehöre zu der Klasse unglücklicher Menschen, die sich nicht so leicht von der Aufregung der Menschenmenge anstecken lassen. Zu oft finde ich mich inmitten einer Vielzahl von Emotionen traurig und kalt und ungerührt wieder. Es gibt kaum Empfindungen, die unangenehmer sind. Der Mangel ist zum Teil temperamentvoll und zum Teil auf den intellektuellen Snobismus zurückzuführen, auf die penible Ablehnung dessen, was einfach und offensichtlich ist, was eine der melancholischen Folgen des Erwerbs von Kultur ist. Wie oft bereut man diese Askese des Geistes! Wie sehnsüchtig sehnt man sich manchmal danach, die Gewohnheit der Zurückweisung und Auswahl loszuwerden und all die lieben, offensichtlich üppigen, idiotischen Gefühle ohne einen nachträglichen Gedanken genießen zu können! Und tatsächlich, so sehr wir Bachs Chromatische Fantasie auch bewundern mögen, wir alle haben irgendwo in unserem Kopf eine Schwäche, die für „Rosen in der Picardie" empfindlich ist. Aber die Schwachstelle ist von harten Stellen umgeben; Die Freude ist nie frei von kritischer Missbilligung. Die Ausreden, ein Gemeinschaftsgefühl hervorzurufen, sogar das Gemeinschaftsgefühl selbst, werden als zu grob abgelehnt. Wir wenden uns von ihnen ab, wie ein Cœnobit der Thebaid sich von tanzenden Mädchen oder einem dampfenden Gericht aus Kutteln und Zwiebeln abgewendet hätte.

Ich habe jetzt ein kleines Buch vor mir, das kürzlich aus Amerika eingetroffen ist und aufzeigt, wie die zufälligen Mob-Emotionen systematisch in einer Art Religion organisiert werden können. Dieser Band, *The Will of Song* (Boni & Liveright, 70 c.), ist die gemeinsame Produktion der

Herren Harry Barnhart und Percy MacKaye. „Wie können Kunst und sozialer Dienst in Einklang gebracht werden? … Wie soll die Einsiedlerseele des einzelnen Dichters der Gemeinschaftsseele versammelter Massen einen gültigen, spontanen Ausdruck verleihen? Wie können die wogenden Gezeiten des Menschen in Kanäle der Kunst geschleust werden, ohne ihren ursprünglichen Glanz und ihre Dynamik zu verlieren?" Diese und viele andere Fragen, die einen großen Aufwand an Großbuchstaben erfordern, werden von Herrn MacKaye gestellt und in „ *The Will of Song* " beantwortet, das den treffenden Untertitel „A Dramatic Service of Community Singing" trägt.

Der Dienst ist demokratisch undogmatisch. Abstraktionen wie Wille, Vorstellungskraft, Freude, Liebe und Freiheit, von denen einige in der dramatischen Aufführung nicht durch Einzelpersonen, sondern durch Gruppenpersönlichkeiten (d. h. Chöre) dargestellt werden, besingen die Bruderschaft *in* einer fast schon halbbiblischen Ausdrucksweise völlig inhaltsleer. Es ist alles herrlich vage und unverbindlich, wie die Rede eines Kabinettsministers über den Völkerbund, und wie eine solche Rede hinterlässt es einen angenehmen Schimmer, ein edles Gefühl der Erhebung. Aber wie Kabinettsminister, Prediger und alle, deren Beruf es ist, die Menschen durch die Ausstrahlung von Worten zu bewegen, sind sich die Autoren von „ *The Will of Song* " bewusst, dass es bei einem populären Kunstwerk nicht so sehr auf den intellektuellen Inhalt ankommt die Bildhaftigkeit seiner Form und die Emotion, mit der es präsentiert wird. Bei der Inszenierung – wenn dieser Begriff nicht respektlos ist – ihres Dienstes haben die Herren Barnhart und MacKaye alle wirksamen Emotionserzeuger des römisch-katholischen Rituals übernommen. Die Dunkelheit, die Beleuchtung, das Glockenläuten, die feierlichen, geheimnisvollen Stimmen, die Chorantworten – all diese traditionellen Mittel wurden im Kommunaldienst am wissenschaftlichsten ausgenutzt.

Dies sind die Regieanweisungen, die die Eröffnung des Gottesdienstes einläuten:

Als das letzte Lied des Präludiums verstummt, wird es plötzlich dunkel in der Aula und die DUNKELHEIT ist erfüllt vom Fanfarenblasen von TROMPETEN . Und nun spielt das Orchester, indem es den Refrain der Trompeten aufgreift, eine elementare Musik, die an Regen, Wind, Donner und das Rauschen des Wassers erinnert; Hinter dem erhöhten zentralen Sitz strömen große Feuerblitze nach oben, und während sie aufflammen, erhebt sich in einem Lichtkegel eine GOLDENE FLAMMENFIGUR , die mit tiefer, lebendiger Stimme ruft: „Der aus dem Herzen des Volkes aufgestiegen ist." ?" Augenblicklich antworten aus drei Teilen der Versammlung die STIMMEN DER DREI GRUPPEN Männer, Frauen und Kinder aus der Dunkelheit im dreifachen Gleichklang: „Ich!"

Selbst aus dem Kaltdruck kann man erkennen, dass diese Öffnung äußerst effektiv wäre. Aber Zweifel überkommen mich. Ich habe den schrecklichen Verdacht, dass mich diese elementare Musik nicht so mitreißen würde, wie sie es sollte. Meine Befürchtungen sind berechtigt, als ich beim Nachschlagen des Musikprogramms entdecke, dass die elementare Musik von Langey stammt und dass die darauf folgenden Orchesterbegleitungen von Massenet, Tschaikovsky, Langey, Julia Ward Howe und Sinding stammen. Ach! Wieder einmal ist man der Sklave seiner Gewohnheit der Auswahl und Ablehnung. Man würde im Regen stehen bleiben, nur weil man Massenet nicht ausstehen konnte. Diejenigen, die Sir James Barries neuestes Stück „ *Mary Rose* " gesehen haben, werden sich vielleicht an die Musikstöße erinnern, die das Stück einleiten und in jedem mystischen Moment des Stücks wiederkehren. Theoretisch hätte man auf den Flügeln dieser Musik in eine gelassene Akzeptanz der übernatürlichen Maschinerie von Sir James Barrie steigen sollen; man hätte davon mit tief religiösen Gefühlen erfüllt sein sollen. In der Praxis schreckte man jedoch mit zitternden Nerven vor der ergreifenden Vulgarität dieses *Leitmotivs zurück* , isoliert von dem, was einen mit dem Autor und dem Rest des Publikums hätte vereinen sollen. Der Coenobite würde gerne Kutteln und Zwiebeln essen, stellt jedoch durch Experimente fest, dass ihm der Geruch des Gerichts ziemlich schlecht wird.

„Der Wille des Liedes"jedoch nicht als absolut und völlig schlecht ablehnen . Sie sind nützlich, sie sind sogar gut, auf ihrer eigenen Ebene und für Menschen, die einer bestimmten Ordnung der spirituellen Hierarchie angehören. „*The Will of Song*" , vertont mit elementarer Musik von Massenet und Julia Ward Howe, könnte eine bewegende spirituelle Kraft für Menschen sein, denen, sagen wir mal, Wagner nichts bedeutet; So wie Wagner selbst für Menschen, die einer etwas höheren Kaste angehören, zwar von spiritueller Bedeutung sein mag, aber immer noch nicht in der Lage ist, die höchsten, transzendenten Kunstwerke zu verstehen oder ihnen etwas Gutes abzugewinnen – etwa aus der D-Dur-Messe oder der Sonate Op. 111.

Die demokratisch Gesinnten werden sich fragen, welches Recht wir haben zu sagen, dass die Messe in D besser ist als die Werke von Julia Ward Howe, welches Recht wir haben, den Bewunderern von The Will of Song einen niedrigeren Platz in der spirituellen Hierarchie zuzuweisen *als* den Bewunderer Beethovens. Sie werden darauf bestehen, dass es überhaupt keine Hierarchie gibt; dass jedes Geschöpf, das Menschlichkeit besitzt, sogar Leben besitzt, allein schon durch die Tatsache dieses Besitzes genauso gut und wichtig ist wie jedes andere Geschöpf. Es ist nicht ganz einfach, auf diese Einwände eine Antwort zu finden. Die Argumente beider Seiten basieren letztlich auf Überzeugung und Glauben. Das Beste, was man tun kann, um den paradoxen Demokraten von der wirklichen Überlegenheit der Messe in D gegenüber „ *The Will of Song*" *zu überzeugen* , besteht darin, darauf hinzuweisen, dass in gewisser Weise das eine das andere enthält; dass „*Der Wille des Gesangs*" ein Teil, und zwar ein sehr kleiner Teil, eines großen Ganzen menschlicher Erfahrung ist, dem die Messe in D viel näher kommt. In „*The Will of Song* " und seiner „elementaren" Begleitung weiß man genau, wie jede Wirkung erzielt wird; sein Spektrum an emotionalen und intellektuellen Erfahrungen ist äußerst begrenzt und vollkommen vertraut. Aber der Bereich der Messe in D ist enorm viel größer; es schließt die Reichweite *des Willens des Liedes in sich* ein, nimmt es sozusagen als selbstverständlich hin und greift in weiter entfernte Erfahrungsbereiche hinein. Es ist im wahrsten Sinne des Wortes quantitativ größer als *The Will of Song*. Für den Demokraten, der an Mehrheiten glaubt, ist dies ein Argument, das sicherlich überzeugend sein muss.

X
Akkumulationen

In der Kürze des Lebens und der Vergänglichkeit materieller Dinge haben die Moralphilosophen schon immer eines ihrer glücklichsten Themen gefunden. „Die Zeit, die die Altertümer antiquiert, hat die Kunst, alle Dinge zu Staub zu machen." Es gibt nichts Bewegenderes als diese anschwellenden elegischen Orgelklänge, mit denen sie die Sterblichkeit des Menschen und all seiner Werke feiern. Diejenigen von uns, für die das eigentliche Studium der Menschheit Bücher sind, empfinden die Zerstörung literarischer Schätze mit schmerzlicher Trauer. Wir denken an alle vorplatonischen Philosophen, von deren Schriften nur noch wenige Sätze übrig sind. Wir denken an Sapphos Gedichte, die aus unserem Wissen nahezu völlig verschwunden sind. Wir denken an die fehlenden Fragmente des „Satyricon" und an viele andere wertvolle Seiten, die es einmal gab und jetzt nicht mehr gibt. Wir beklagen die Lücken, die die Zeit in den Aufzeichnungen der Geschichte hinterlassen hat, und beklagen den Verlust unzähliger verschwundener Dokumente. Was Gebäude, Bilder, Statuen und die gesammelten Zeugnisse ganzer Zivilisationen betrifft, die alle zerstört wurden, als wären sie nie gewesen, so gehören sie nicht zu unserem literarischen Bereich und wären, wenn sie es täten, zu zahlreich, um sie auch nur zusammenfassend aufzulisten.

Aber weil die Menschen einmal auf eine bestimmte Weise gedacht und gefühlt haben, bedeutet dies nicht, dass sie dies für immer tun werden. Es besteht die große Wahrscheinlichkeit, dass unsere Nachkommen in etwa zwei oder drei Jahrhunderten in ihren Klagen nicht über die Zerbrechlichkeit, sondern über die schreckliche Beständigkeit und Unzerstörbarkeit der Dinge erbärmlich werden. Sie werden sich von der unerträglichen Anhäufung der Jahre erdrückt fühlen. Die Menschen von heute sind so tief von dem Gefühl der Vergänglichkeit der Materie durchdrungen, dass sie begonnen haben, enorme Vorsichtsmaßnahmen zu treffen, um alles zu bewahren, was sie können. Trostlos durch die Nachlässigkeit unserer Vorfahren achten wir sehr darauf, dass unseren Nachkommen keine Dokumente fehlen, wenn sie kommen, um unsere Geschichte zu schreiben. Alles wird systematisch aufbewahrt und katalogisiert. Alte Dinge werden sorgfältig geflickt und für den Fortbestand gesichert; Neue Dinge werden gehortet und vor dem Verfall geschützt.

Ein Spaziergang durch die Buchläden einer der größten Bibliotheken der Welt ist eine Erfahrung, die einen zwangsläufig über die erschreckende Unzerstörbarkeit der Materie nachdenken lässt. Vor ein paar Jahren erkundete ich die kürzlich gegrabenen Keller, in die sich der Überlauf des Bodleian in einem unaufhörlichen Strom ergießt. Die Keller erstrecken sich unter der nördlichen Hälfte des großen Vierecks, in dessen Mitte die

Radcliffe Camera steht. Diese Katakomben sind zwei Stockwerke tief und mit undurchlässigem Beton ausgekleidet. „Die schlammigen Feuchtigkeiten und der zähe Schleim" des traditionellen Gewölbes fehlen in dieser großen Nekropole der Buchstaben; Aus riesigen Lüftungsrohren strömt ein trockener und heißer Wind, der den Ort so behaglich und dem Verfall gegenüber ebenso abweisend macht wie die Wüsten Zentralasiens. Die Bücher stehen in Metallkästen, die so konstruiert sind, dass sie auf Schienen hinein- und herausgeschoben werden können. Die Anordnung der Koffer ist so ausgeklügelt, dass zwei Drittel des verfügbaren Platzes stabil mit Büchern gefüllt werden können. In etwa zwanzig Jahren, wenn die bestehenden Tresore keine Bücher mehr aufnehmen können, kann auf der gegenüberliegenden Seite der Kamera ein neuer Keller gegraben werden. Und wenn das voll ist – es ist nur noch eine Frage von einem halben Jahrhundert – was dann? Wir zucken mit den Schultern. Nach uns die Sintflut. Aber hoffen wir, dass Bodleys Librarian von 1970 den Mut hat, das letzte Wort in „bonfire" umzuwandeln. Zum Lagerfeuer! Das ist die einzig zufriedenstellende Lösung eines unerträglichen Problems.

Der vorsätzlichen Erhaltung von Dingen muss durch deren vorsätzliche und wohlüberlegte Zerstörung entgegengewirkt werden. Sonst wird die Welt von der Anhäufung antiker Gegenstände überschwemmt. Schweine, Kaninchen und Brunnenkresse drohten, als sie zum ersten Mal in Neuseeland eingeführt wurden, das Land zu verwüsten, weil es keine ausgleichenden Kräfte der Zerstörung gab, die ihrer unbegrenzten Vermehrung Einhalt gebieten konnten. Ebenso werden uns bloße Dinge, sobald sie über die Naturgesetze des Verfalls gestellt werden, am Ende begraben, es sei denn, wir machen uns daran, das Ärgernis methodisch zu beseitigen. Die Bitte, sie alle – jeden Roman von Nat Gould, jede Ausgabe des *Funny Wonder* – als historische Dokumente zu bewahren, ist nicht stichhaltig. Wo zu viele Dokumente existieren, ist es überhaupt unmöglich, Geschichte zu schreiben. „Denn Unwissenheit", um es mit den treffenden Worten von Herrn Lytton Strachey zu sagen, „ist die erste Voraussetzung des Historikers – Unwissenheit, die vereinfacht und klarstellt, die auswählt und weglässt, mit einer ruhigen Perfektion, die die höchste Kunst nicht erreichen kann." Niemand möchte alles über die Vergangenheit wissen – sowohl die Belanglosigkeiten als auch die wichtigen Fakten; oder auf jeden Fall sollte es niemand wissen wollen. Diejenigen, die das tun, diejenigen, die von der Gier nach bloßen Fakten und nutzlosen Informationen verzehrt werden, sind die erbärmlichen Opfer eines Lasters, das nicht weniger verwerflich ist als Gier oder Trunkenheit.

Hand in Hand mit diesem wohlüberlegten Prozess der Zerstörung muss eine sorgfältige Klassifizierung dessen gehen, was übrig bleibt. Wie Herr Wells in seiner großen, opulenten Art sagt: „Die Organisation wissenschaftlicher Forschung und Aufzeichnungen des zukünftigen Weltstaates wird im

Vergleich zu der heutigen wie ein Ozeandampfer neben dem Einbaum eines frühen heliolithischen Wanderers sein." Mit der enormen und wahllosen Vervielfältigung von Büchern und Zeitschriften neigt unsere Aufzeichnungsorganisation dazu, immer heliolithischer zu werden. Nützliche Informationen zu einem bestimmten Thema sind so weit verstreut oder können an so dunklen Orten versteckt sein, dass der Student oft nicht weiß, was er wo studieren soll. Wenn künftige Generationen von Forschern das bereits gewonnene Wissen optimal nutzen wollen, muss in Kürze eine immense internationale Bibliographie- und Klassifikationsarbeit geleistet werden.

Aber diese konstruktive Arbeit wird im Vergleich zum glorreichen Geschäft der Zerstörung mühsam und langweilig sein. Riesige Papierfeuer werden tage- und wochenlang lodern, wenn die Bibliotheken ihre regelmäßige Säuberung durchführen. Die einzige Gefahr, und leider! Es besteht eine sehr reale Gefahr, dass die Bibliotheken sich unfehlbar von den falschen Büchern befreien. Wir alle wissen, was Bibliothekare sind; und nicht nur Bibliothekare, sondern auch Kritiker, Literaten, die breite Öffentlichkeit – eigentlich jeder, mit Ausnahme von uns selbst – wir wissen, wie sie sind, wir kennen sie: Es gab noch nie eine Gruppe von Menschen mit so schlechtem Geschmack! Zweifellos werden Ausschüsse eingesetzt, die über Bücher urteilen und auf richterliche Weise Freisprüche und Verurteilungen aussprechen. Es wird eine Art gigantischer Hawthornden-Wettbewerb sein. Bei diesem Gedanken stelle ich fest, dass die Flammen meiner großen Freudenfeuer viel von ihrem eingebildeten Glanz verlieren.

XI
ÜBER DIE ABWEICHUNG IN DEN SINN

Es gibt eine Geschichte, die unseren Vorfahren aus irgendeinem Grund sehr am Herzen lag, dass Apelles, oder ich weiß nicht mehr, welcher andere griechische Maler, verzweifelt darüber war, dass seine Bemühungen, den Schaum auf dem Maul eines Hundes realistisch darzustellen, verzweifelt waren, und seinen Schwamm auf das Bild warf Er war ein Haustier und wurde für seine schlechte Laune belohnt, indem er entdeckte, dass der entstehende Fleck das lebendige Abbild des Schaums war, dessen Aussehen er mit all seiner Kunst nicht wieder einfangen konnte. Niemand wird jemals die Geschichte all der glücklichen Fehler, Zufälle und unbewussten Abweichungen vom Genie erfahren, die dazu beigetragen haben, die Kunst der Welt zu bereichern. Wahrscheinlich sind es unzählige. Ich selbst bin mehr als einmal in zufällige Glückseligkeiten abgedriftet. Kürzlich zum Beispiel veranlassten mich die Gefahren des unvorsichtigen Schreibens mit der Maschine dazu, ein neues Kofferwort von brillanter laforguischer Qualität zu erfinden. Ich hatte vorgehabt, den Satz „die menschliche Komödie" zu schreiben, aber durch einen glücklichen Ausrutscher legte ich meinen Finger auf den Buchstaben, der neben „C" auf der Universaltastatur steht. Als ich die fertige Seite durchlas, stellte ich fest, dass ich „The Human Vomedy" geschrieben hatte. Gab es jemals eine prägnantere und ausdrucksstärkere Lebenskritik? Für die sensibleren und mulmigeren unter den Göttern müssen die letzten Jahre tatsächlich wie ein Unheil ersten Ranges gewirkt haben.

Die gröbsten Formen von Fehlern haben in der Geschichte der Literatur eine ganz besondere Rolle gespielt. Man denke zum Beispiel an den Namen Criseida oder Cressida, der aus einem griechischen Akkusativ gebildet wurde, an jenes spenserische Missverständnis von Chaucer, das dem ziemlich lächerlichen Substantiv „Wahnsinn" Geltung verschaffte. Weniger bekannt, aber köstlich absurder ist Chaucers Fehler, „naves ballatrices" als „naves bellatrices" zu interpretieren – Ballettschiffe statt Schlachtschiffe – und seine Übersetzung „shippes hoppesteres". Aber diese breiten, geradlinigen Brüller sind uninteressant im Vergleich zu den subtileren Abweichungen von der Originalität, die gelegentlich von Autoren erzielt werden, die ihr Bestes gaben, nicht originell zu sein. Nirgendwo finden wir bemerkenswertere Beispiele zufälliger Brillanz als bei den post-chaucerischen Dichtern, deren sehr unklare Kenntnis des genauen *Versmaßes* , in dem sie zu schreiben versuchten, oft dazu führte, dass sie sehr auffällige Variationen des englischen Grundmaßes hervorbrachten.

Chaucers Abweichungen von der Zehnsilbennorm waren bewusst. Dies galt größtenteils auch für die seines Schülers Lydgate, dessen Lieblingszeile mit gebrochenem Rücken, in der die erste Silbe des auf die Zäsur folgenden

Jambus fehlt, für zeitgenössische Dichter metrisch von größtem Interesse ist. Lydgates charakteristische Linie folgt diesem Modell:

Für sprachloses Nichts maist du Geschwindigkeit.

Mit Bedacht eingesetzt, kann die Linie mit gebrochenem Rücken sehr schöne Effekte erzielen. Lydgate war sich, wie gesagt, wahrscheinlich ziemlich bewusst, was er tat. Aber seine prokrusteischen Methoden neigten dazu, ein wenig wahllos zu sein, und man fragt sich manchmal, ob er Variationen über ein bekanntes Thema spielte oder ob er eher zögernd der schönen Regelmäßigkeit seines Meisters Chaucer nachtastete. Die späteren Dichter des 15. und 16. Jahrhunderts scheinen weitgehend im Dunkeln zu agieren. Die Gedichte von Autoren wie Hawes und Skelton sind reich an den vagesten Parodien der Zehnsilbenzeile. Alles zwischen sieben und fünfzehn Silben ist an der Reihe. Bei ihnen sind die Variationen selten interessant. Der Zufall hatte bei einem Mann wie Skelton, dessen Geist von Natur aus so voll von ruckelndem Geschwätz war, dass seine Variationen der Zehnsilbe größtenteils den Charakter grober Skeltoniken hatten, kaum Gelegenheit, subtile metrische Effekte hervorzurufen. Ich habe bei Heywood, dem Autor von Morallehren, interessante zufällige Variationen der Zehnsilbe gefunden. Dies aus dem *Spiel der Liebe* hat eine echte metrische Schönheit:

Du hast nur einen einzigen Schmerz gespürt, wie ich viele andere verspüre,

Ein Anflug von Verzweiflung oder ein Anflug von Verlangen,

Ein schmerzhafter Blick in ihren Augen,

Ein Stich eines Wortes aus ihrem Mund wie im Zorn,

Oder um ihre Liebe zurückzuhalten, die ich mir wünsche –

Ein Schmerz von all dem, den du einmal in deinem Leben verspürst,

Sollte Ihre Meinung ins Wanken bringen und all unseren Streit löschen.

Diese daktylischen Auflösungen der dritten und vierten Linie sind äußerst interessant.

Aber das bemerkenswerteste Beispiel einer zufälligen metrischen Erfindung, das mir bisher begegnet ist, findet sich in der Übersetzung von Horaces Ode über die goldene Mitte durch den Earl of Surrey. Surrey war einer der Pioniere der Reaktion gegen die Unbestimmtheit und unsichere Sorglosigkeit der Post-Chaucerianer. Am Beispiel der italienischen Poesie hatte er gelernt, dass eine Zeile eine feste Silbenzahl haben muss. In all seinen Gedichten geht es ihm immer darum, um jeden Preis Regelmäßigkeit zu erreichen. Um sicherzustellen, dass jede Zeile zehn Silben hat, nutzte Surrey offensichtlich sowohl seine Finger als auch seine Ohren. Wir sehen ihn in seiner schlimmsten und mühsamsten Form in der ersten Strophe seiner Übersetzung:

Markiere in deinem Leben, Thomas, diesen Kompass:

Ne durch feige Angst, die dunkle Stürme meidet

Ja, mit vollen Segeln ist die hohe See nicht zu schlagen;

An seichten Ufern gerät dein Kiel in Gefahr.

Die zehn Silben sind zwar vorhanden, aber außer in der letzten Zeile ist keinerlei Rhythmus erkennbar, weder regelmäßig noch unregelmäßig. Aber wenn Surrey zur zweiten Strophe kommt –

Auream quisquis mediocritatem

Diligit, Tutus Caret veraltet

Sordibus tecti, caret invidenda

Sobrius-Aula—

Ein glücklicher Zufall inspiriert ihn zu der genialen Übersetzung mit diesen Worten:

Wer gerne die goldene Mitte halst,

Sein Zuhause ist bewusst frei von Gefahren;

Nicht mit abscheulichem Dreck wie einer unreinen Höhle,

Auch nicht wie ein Palast, in dem Verachtung dämmern kann.

Dies ist nicht nur eine sehr gute Übersetzung, sondern auch ein sehr interessantes und subtiles metrisches Experiment. Was könnte gelungener sein als diese Strophe, die aus drei trochäischen Linien besteht, die durch wunderschöne daktylische Auflösungen beschleunigt werden, und einer abschließenden jambischen Linie im regelmäßigen Takt – dem anerkannten Tonika-Akkord, der die Musik abschließt? Und doch reicht die Melodielosigkeit der ersten Strophe aus, um zu beweisen, dass Surreys Leistung ebenso ein Produkt des Zufalls ist wie der Schaum auf den Kiefern von Apelles' Hund. Er tat die ganze Zeit über sein Bestes, um Dekasilben mit dem normalen jambischen Takt der letzten Zeile zu schreiben. Sein Versäumnis, dies zu tun, war manchmal ein unbewusster Geniestreich.

XII
Höfliches Gespräch

Es gibt einige Menschen, für die es von allen Geboten am schwierigsten ist, das zu befolgen, was uns dazu auffordert, Narren gerne zu ertragen. Die Verbreitung der Torheit, ihre monumentale, unveränderliche Dauerhaftigkeit und ihr fast unveränderlicher Triumph über die Intelligenz sind Phänomene, die sie nicht betrachten können, ohne eine Leidenschaft gerechtfertigter Empörung oder zumindest schlechter Laune zu empfinden. Weise wie Anatole France, die die menschliche Dummheit erforschen und anatomisieren können und dennoch gelassen und distanziert bleiben, sind selten. Diese Überlegungen wurden durch ein kürzlich in New York veröffentlichtes Buch mit dem Titel *„The American Credo“* angeregt . Die Autoren dieser Arbeit sind die *Enfants terribles* der amerikanischen Kritik, die Herren HL Mencken und George Jean Nathan. Sie haben eine Liste von 488 Glaubensartikeln zusammengestellt, die das grundlegende Credo des amerikanischen Volkes bilden, und ihnen einen sehr unterhaltsamen Aufsatz über das nationale Denken vorangestellt:

Die Wahrheit verschiebt und verändert sich wie ein Katarakt aus Diamanten; sein Aussehen ist in zwei aufeinanderfolgenden Momenten nie genau das gleiche. Aber der Irrtum fließt den Lauf der Geschichte entlang wie ein großer Lavastrom oder ein unendlich träger Gletscher. Es ist die einzige relativ feste Sache in einer Welt des Chaos.

Wenn man die Artikel des Credos durchsieht, erkennt man, dass in dieser Aussage eine Menge Wahrheit steckt. Solche Überzeugungen wie die folgenden – keineswegs nur auf Amerika beschränkt – sind wahrscheinlich mindestens so alt wie die Große Pyramide:

Dass, wenn eine Frau, die bald Mutter wird, jeden Tag Klavier spielt, ihr Baby als Victor Herbert zur Welt kommt.

Dass die Anhäufung großen Reichtums immer großes Unglück mit sich bringt.

Dass es Unglück bringt, eine Spinne zu töten.

Dieses Wasser verrottet die Haare und führt so zu Kahlheit.

Dass eine Braut ein glückliches Eheleben führen wird, wenn sie zu ihrem neuen Schmuck ein altes Strumpfband trägt.

Dass Kinder sich vor zwanzig Jahren viel besser benahmen als heute.

Und die meisten anderen in der Sammlung sind, wenn auch in deutlich zeitgenössischen und amerikanischen Formen gekleidet, lediglich Variationen uralter Vorstellungen.

Wenn man „*The American Credo*" *liest* , wird man unweigerlich an einen fähigeren, erbarmungsloseren und grausameren Angriff auf die Dummheit erinnert, ich meine Swifts „ *Complete Collection of Genteel and Ingenious Conversation", gemäß der höflichsten Art und Weise, die jetzt bei Hofe und Hof verwendet wird in den Best Companies of England* . In drei Dialogen. Von Simon Wagstaff, Esq." Nachdem ich die Arbeit der Herren Mencken und Nathan gelesen hatte, wurde ich inspiriert, meine Erinnerungen an dieses teuflische Bild der sozialen Einrichtungen aufzufrischen. Und was für ein Buch! Die Art und Weise, wie es so weitergeht, hat etwas fast Entsetzliches, einen ununterbrochenen, nie aufhörenden Strom von Dummheit. Man wird sich erinnern, dass Simon Wagstaff fast vierzig Jahre damit verbrachte, diese Juwelen höflicher Konversation zu sammeln und zu verarbeiten:

Ich kann dem Leser treu versichern, dass es in der gesamten Sammlung keinen einzigen witzigen Satz gibt, der nicht den Stempel und die Anerkennung von mindestens hundert Jahren erhalten hat, und wie lange das noch dauert, ist schwer zu bestimmen; Er kann daher sicher sein, dass sie alle echt, hochwertig und authentisch sind.

Wie echt, gediegen und authentisch Mr. Wagstaffs Schätze an höflichen Gesprächen sind, beweist die große Anzahl von ihnen, die allen Verwüstungen der Zeit widerstanden haben und auch heute noch genauso gute Dienste leisten wie zu Beginn des 17. Jahrhunderts in den Tagen Heinrichs VIII. : „Geh, du Mädchen, und wärme etwas frische Sahne." „In der Tat, gnädige Frau, es ist nichts mehr übrig; denn die Katze hat alles gefressen." „Ich bezweifle, dass es eine Katze mit zwei Beinen war."

„Und bitte, was gibt es Neues, Mr. Neverout?" „Warum, Madam, Königin Elizabeth ist tot." (Es wäre interessant herauszufinden, zu welchem Zeitpunkt Königin Anne in diesem großartigen alten Schlagabtausch genau den Platz von Königin Elizabeth einnahm oder wer der Monarch war, auf den Bezug genommen wurde, als die jungfräuliche Königin noch lebte. Aspiranten mit dem Grad B. oder D. Litt. könnte Schlimmeres tun, als dieses Problem zum Thema ihrer Dissertation zu machen.)

Einige der schönsten Redewendungen sind seit Mr. Wagstaffs Tagen in die Welt gekommen. So war Miss Notables Antwort an Mr. Neverout: „Geh, bring deiner Oma das Eierlutschen bei" jetzt nur noch im Schlafsaal einer Vorbereitungsschule zu hören. Andere wurden leicht verändert. Mr. Neverout sagt: „Nun, alle Dinge haben ein Ende, und ein Pudden hat zwei." Ich denke, wir können uns schmeicheln, dass die moderne Verbesserung, „außer einem pummeligen Pudding, der zwei hat", eine Verbesserung ist.

Mr. Wagstaffs zweiter Dialog, in dem er von höflichen Gesprächen beim Essen handelt, enthält mehr Sätze, die die ungebrochene Kontinuität der Tradition bezeugen, als alle anderen. Das Gespräch rund um das Rinderfilet ist es wert, in seiner Gesamtheit aufgezeichnet zu werden:

LADY SMART. Kommen Sie, Colonel, kümmern Sie sich um Ihre Waffen. Soll ich dir etwas Rindfleisch servieren?

OBERST. Wenn Ihre Ladyschaft bitte; und bitte, schneide nicht wie eine Schwiegermutter, sondern schick mir ein großes Stück; denn ich liebe es, ein gutes Fundament zu legen. Ich schwöre, es ist ein edler Sir-loyn.

NEVEROUT. Ja; Hier ist geschnitten und wieder da.

FRÄULEIN. Aber beten Sie; Warum heißt es Sir-loyn?

LORD SMART. Nun, Sie müssen wissen, dass unser König Jakob der Erste, der gutes Essen liebte, von einem seiner Adligen zum Abendessen eingeladen wurde und einen großen Loyn vom Rind an seinem Tisch sah, sein Schwert herauszog und in einem Frolic, zum Ritter geschlagen. Nur wenige Menschen kennen das Geheimnis davon.

Wie schön ist es, dass wir Mr. Wagstaffs Gewähr für Weisheiten wie „Käse verdaut alles außer sich selbst" und „Wenn du isst, bis dir kalt ist, wirst du alt werden" haben! Wenn sie zu seiner Zeit hundert Jahre alt waren, sind es jetzt volle dreihundert. Mögen sie lange überleben! Mit Bedauern musste ich jedoch feststellen, dass einer der besten Sätze von Herrn Wagstaff im Lauf der Zeit völlig verloren gegangen ist. Tatsächlich hörte ich, bevor ich Aubreys „Leben" gelesen hatte, Lord Sparkishs Bemerkung: „Kommen Sie, packen Sie es herum; „Endlich werde ich zu meinem Vater kommen", war für mich völlig unverständlich. Der Satz stammt aus einer Geschichte von Sir Walter Raleigh und seinem Sohn.

Als Sir Walter Raleigh [sagt Aubrey] zum Abendessen bei einer großartigen Person eingeladen wurde, zu der sein Sohn ihn begleiten sollte, sagte er zu seinem Sohn: „Heute wird von dir beim Abendessen erwartet, dass du mit mir gehst, aber du bist so streitsüchtig." und es ist beleidigend, dass ich mich schäme, einen solchen Bären in meiner Gesellschaft zu haben." Herr Walter demütigte sich vor seinem Vater und versprach, dass er sich äußerst höflich benehmen würde. Also gingen sie weg. Er saß neben seinem Vater und war mindestens die Hälfte des Abendessens sehr zurückhaltend. Dann sagte er: „Ich bin heute Morgen gegangen, ohne mich vor Gott zu fürchten, sondern auf Anstiftung des Teufels ..."

An dieser Stelle unterdrückt Herr Clark in seiner Ausgabe vier Zeilen von Aubreys Text; aber man kann sich vorstellen, was Meister Walter gesagt hat.

Sir Walter, der an einem so großen Tisch seltsam überrascht und aus der Fassung gebracht wird, versetzt seinem Sohn einen verdammten Schlag ins Gesicht. Sein Sohn, so unhöflich er auch war, wollte seinen Vater nicht schlagen, sondern schlug dem Herrn, der neben ihm saß, ins Gesicht und sagte: „Box about: 'twill bald zu meinem Vater kommen." Das ist mittlerweile ein weit verbreitetes Sprichwort.

Und das hat es immer noch verdient; Wie, wann und warum es ausgestorben ist, weiß ich nicht. Hier ist ein weiteres gutes Thema für eine Abschlussarbeit.

Es gibt nur wenige Dinge in Mr. Wagstaffs Dialog, die uns definitiv veraltet und seltsam erscheinen, und diese Super-Annuationen lassen sich leicht erklären. So hat die Aufhebung der Strafgesetze dazu geführt, dass die ständigen Verweise von Herrn Wagstaffs Persönlichkeiten auf das Erhängen fast unverständlich geworden sind. Die Eide und die gelegentlichen leichten Unhöflichkeiten sind in der gemischten, höflichen Gesellschaft aus der Mode gekommen. Ansonsten ist ihr Gespräch im Wesentlichen dasselbe wie das Gespräch der Gegenwart. Und das ist nicht zu verwundern; denn wie ein weiser Mann gesagt hat:

Heutzutage gibt es in der Sprache starke Beweise dafür, dass in ihr die Funktion der Herdenerkennung erhalten geblieben ist.... Unter der Funktion einer Konversation versteht man üblicherweise den Austausch von Ideen und Informationen. Zweifellos hat es eine solche Funktion übernommen, aber eine objektive Untersuchung gewöhnlicher Gespräche zeigt, dass die tatsächliche Vermittlung von Ideen dabei nur eine sehr geringe Rolle spielt. In der Regel scheint der Austausch aus Ideen zu bestehen, die notwendigerweise den beiden Sprechern gemeinsam sind und von denen jeder weiß, dass sie es sind.... Gespräche zwischen einander unbekannten Personen neigen dazu, reich an Ritualen des Erkennens zu sein. Wenn man diese aufwändigen Entwicklungen hört oder daran teilnimmt, legt man behutsam eines nach dem anderen seine Identitätsmerkmale, seine Ansichten über das Wetter, über frische Luft und Zugluft, über die Regierung und über Harnsäure dar und achtet aufmerksam auf den ersten leisen Hinweis darauf B. ein Knurren, das zeigt, dass man zum falschen Rudel gehört und sich zurückziehen muss, ist es unmöglich, nicht an die ähnlichen Manöver des Hundes erinnert zu werden und dankbar zu sein, dass die Natur uns eine weniger direkte, wenn auch vielleicht langwierigere, Code.

XIII
NATIONALITÄT IN DER LIEBE

Die Gefahren des wahllosen Stöberns in Buchhandlungen haben mich auf zwei Versbände aufmerksam gemacht, die mir (obwohl ich diesen grandiosen Verallgemeinerungen über Rassen- und Nationalmerkmale, die bei einer bestimmten Klasse von Literaten so beliebt sind) normalerweise sehr skeptisch gegenüberstehe, sehr deutlich zu veranschaulichen scheinen einige der Unterschiede zwischen dem französischen und dem englischen Geist. Das erste ist ein kleines Buch, das vor einigen Monaten veröffentlicht wurde und den Titel „*Les Baisers* ...“ trägt. Der Verleger sagt darüber in einem dieser erlesenen literarischen Sprünge, die den Ruhm des Pariser Buchhandels ausmachen: „Un volume de vers? Nicht pass! Simplement des baisers mis en vers, des baisers variés Comme l'heure qui passe, inconstants as me l'Amour lui-même... Baisers, baisers, c'est toute leur troublante musique qui chante dans rimes.“ Der andere Band stammt aus den Antipoden und heißt *Songs of Love and Life* . Kein Hauch von Verleger begleitet es; aber ein farbiges Bild auf dem Schutzumschlag zeigt eine Nymphe, die verzweifelt einen schüchternen Hirten umklammert. Als Frontispiz dient ein Porträt der Autorin. Beide Bücher haben einen erotischen Charakter und beide sind in ihrer poetischen Qualität sehr gleichgültig. Sie sind nur als Illustrationen der beiden charakteristischen Herangehensweisen an das Thema der körperlichen Leidenschaft, Französisch und Englisch, interessant, die umso anschaulicher sind, weil sie zweitklassig sind.

Der Autor von „*Les Baisers*“ nähert sich seinen Liebeserlebnissen mit der distanzierten Art eines Psychologen, der sich für die mentalen Reaktionen bestimmter körperlicher Freuden interessiert, deren Mechanismen er zuvor in seiner Eigenschaft als physiologischer Beobachter untersucht hat. Seine Haltung ist die gleiche wie die der Autoren jener Sittenkomödien, die in den Boulevardtheatern auf der Bühne stehen. Es ist trocken, präzise, sachlich und fast wissenschaftlich. Dem Boulevardkomiker geht es nicht darum, irgendeine metaphysische Rechtfertigung für die Verzückungen körperlicher Leidenschaft zu finden, noch ist er in irgendeiner Weise ein Propagandist der Sinnlichkeit. Er ist einfach ein Sachverhaltsanalytiker, dessen Aufgabe es ist, aus einer zweideutigen Situation den größtmöglichen Witz herauszuholen. Ebenso ist der Autor dieser Gedichte viel zu anspruchsvoll, um sich das vorstellen zu können

jeder Geist, wie er am reinsten ist,

Und es hat mehr himmlisches Licht darin,

So wird der gerechtere Körper beschafft

Zum Wohnen, und es ist ziemlich hell

Mit fröhlicher Anmut und liebenswürdigem Blick.

Denn von der Seele nimmt die Körperform an;

Denn die Seele ist Form und macht den Körper aus.

Er versucht nicht, uns glauben zu machen, dass körperliche Freuden eine göttliche Rechtfertigung hätten. Er hat auch nicht den Wunsch, „uns mit Händen und Füßen in Belials Groll kriechen zu lassen". Er ist lediglich damit beschäftigt, sich an „des heures et des entretiens" zu erinnern, die äußerst angenehm waren – Stunden, die für jeden beeindruckend sind, Gespräche und Treffen, die in allen Teilen der Welt und zu jedem Zeitpunkt stattfinden.

Diese Haltung gegenüber *der Volupté* ist in Frankreich so alt, dass sie die Entwicklung eines sehr präzisen und eindeutigen Vokabulars zur Beschreibung ihrer Phänomene ermöglichte. Diese Sprache ist so präzise wie der Fachjargon eines Gewerbes und so elegant wie das Latein des Petronius. Es ist eine Sprache, für die es in unserer englischen Literatur kein Äquivalent gibt. Im Englischen ist es unmöglich, *Volupté elegant* zu beschreiben ; es ist kaum möglich, darüber zu schreiben, ohne grob zu sein. Zunächst einmal kennen wir nicht einmal ein Wort, das Volupté *entspricht* . „Wolllust" ist schwach und fast bedeutungslos; „Vergnügen" ist hoffnungslos unzureichend. Der englische Schriftsteller ist vom ersten Moment an ratlos; er kann nicht einmal genau benennen, was er beschreiben und analysieren möchte. Aber im Großen und Ganzen kann er mit einer solchen Sprache nicht viel anfangen. Seine Herangehensweise an das Thema ist nicht leidenschaftslos und wissenschaftlich, und er hat keinen Bedarf an technischen Details. Der englische Amorist neigt dazu, sich dem Thema enthusiastisch, leidenschaftlich und philosophisch zu nähern – fast auf eine Weise, die nicht der witzigen, sachlichen französischen Art entspricht.

In unseren reichhaltigen australischen *Songs of Love and Life* sehen wir, wie der schwärmerisch-philosophische Ansatz auf etwas reduziert wird, das fast schon absurd ist. Überwältigt von der Intensität des ehelichen Glücks hält es die Autorin für notwendig, eine Art Rechtfertigung dafür zu finden, indem sie sie in irgendeiner Weise mit dem Kosmos in Verbindung bringt. Gott, wird uns gesagt,

Ich blicke durch seine Hügel auf dich und mich,

Nährt den Himmel mit der Flamme unseres Verlangens.

Oder noch einmal:

Unsere Leidenschaften atmen ihre eigene wilde Harmonie,

Und bei einem anschmiegsamen Kuss Musik ausschütten.

Singe weiter, o Seele, unsere Lyrik des Verlangens,

Denn Gott selbst ist in der Melodie.

Unterdessen formuliert der Autor von *Les Baisers* , immer elegant *terre-à-terre* , seine konkreteren Wünsche in einem Alexandriner, der Racines würdig ist:

Wien. Ich habe meine Korsage immer noch geliebt.

Der Wunsch, den Kosmos in unsere Emotionen einzubeziehen, ist keineswegs auf die Dichterin von *Songs of Love and Life beschränkt* . In bestimmten Fällen neigen wir alle dazu, uns auf das Universum zu berufen, um Emotionen zu erklären und zu erklären, deren Intensität nahezu unerklärlich erscheint. Dies gilt insbesondere für die Emotionen, die die Betrachtung der Schönheit in uns hervorruft. Warum wir uns so stark fühlen sollten, wenn wir mit bestimmten Formen und Farben, bestimmten Klängen, bestimmten verbalen Andeutungen von Form und Harmonie konfrontiert werden – warum das, was wir Schönheit nennen, uns überhaupt bewegen sollte – das weiß nur die Güte. Um das Phänomen zu erklären, haben Dichter das Universum in die Materie einbezogen und behauptet, dass sie von der Betrachtung der physischen Schönheit bewegt werden, weil sie das Symbol des Göttlichen ist. Die Intensität der körperlichen Leidenschaft hat das gleiche Problem dargestellt. Wir schämen uns, zuzugeben, dass solche Gefühle eine rein sublunäre Ursache haben können, und behaupten, wie die australische Dichterin, dass „Gott selbst in der Melodie ist." Wir argumentieren, dass dies die einzige Erklärung für die Heftigkeit der Emotion sein kann. Besonders verbreitet ist diese Sichtweise in einem Land mit grundlegenden puritanischen Traditionen wie England, wo die trockene, sachliche Haltung der Franzosen geradezu schockierend wirkt. Der Puritaner fühlt sich verpflichtet, die Tatsachen der Schönheit und *Wolupté* zu rechtfertigen . Bevor er sie akzeptieren kann, müssen sie auf irgendeine Weise moralisch gemacht werden. Der unpuritanische Geist Frankreichs akzeptiert die Tatsachen, wie sie ihm durch die Erfahrung vermittelt werden, für bare Münze.

XIV
WIE DIE TAGE SICH NIEDRIGEN!

Die Herbst-Tagundnachtgleiche steht vor der Tür mit all ihren Vorzeichen der Sterblichkeit, eines kürzer werdenden Tages, einer kälteren und längeren Nacht. Wie die Tage hereinbrechen! Die Angst vor Spott lässt einen kaum zu einer melancholischen Konstatierung kommen. Es handelt sich um einen Konversationsschachzug, der wie der Narrenkamerad nur gegen die einfachsten und am wenigsten erfahrenen Spieler eingesetzt werden kann. Und doch ist wie viel von der bewegendsten Poesie der Welt nichts anderes als eine Variation des Themas dieses Zeichentags! Die Gewissheit des Todes hat mehr Poesie inspiriert als die Hoffnung auf Unsterblichkeit. Die sichtbare Vergänglichkeit zerbrechlicher und lieblicher Materie hat sich tiefer in den Geist des Menschen eingeprägt als die Vorstellung spiritueller Beständigkeit.

Und ich bin sicher, dass er über seine Grenzen hinausgeht

La première clarté de mon dernier soleil.

Das ist ein Glaubensartikel, dem niemand seine Zustimmung verweigern kann.

In letzter Zeit bin ich fast nicht mehr in der Lage, Gedichte zu genießen, deren Inspiration nicht Verzweiflung oder Melancholie ist. Warum, weiß ich kaum. Vielleicht liegt es an der chronischen Schreckenslage der politischen Lage. Denn Gott weiß, das reicht völlig aus, um seine Vorliebe für melancholische Verse zu erklären. Der Untertan jeder europäischen Regierung spürt heute alle Empfindungen Gullivers in den Pfoten des Affen der Königin von Brobdingnag – die Empfindungen eines kleinen und hilflosen Wesens, das etwas Ungeheuerlichem, Verantwortungslosem und Idiotischem ausgeliefert ist. Dort sitzt der Affe „auf dem First eines Gebäudes, fünfhundert Meter über dem Boden, und hält uns wie ein Baby in einer seiner Vorderpfoten." Wird er loslassen? Wird er uns zu Tode quetschen? Das Beste, auf das wir hoffen können, ist, „auf einen Firstziegel fallen gelassen zu werden" und nur so viele blaue Flecken zu haben, dass man zwei Wochen lang im Bett bleiben muss. Aber es scheint sehr unwahrscheinlich, dass „ein ehrlicher Junge hinaufklettert und uns, indem er uns in seine Hosentasche steckt, sicher hinunterbringt." Allerdings weiche ich ein wenig von meinem Thema ab, nämlich der Poesie der Melancholie.

Eines Tages werde ich ein Oxford Book of Depressing Verse zusammenstellen, das nichts als die großartigsten Ausdrucksformen von Melancholie und Verzweiflung enthalten wird. Alle offensichtlichen Menschen werden darin sein und ebenso viele der obskuren Apostel der

Finsternis, die mir durch vage und vielfältige Lektüre bekannt geworden sind. Dem alles andere als großen Dichter Fulke Greville, Lord Brooke, wird beispielsweise angemessen viel Platz eingeräumt. Was die dunkle Pracht angeht, gibt es nicht viele Dinge, die mit der Zusammenfassung des Lebens und des menschlichen Schicksals am Ende seines „Mustapha" mithalten können.

Oh, ermüdender Zustand der Menschheit,

Geboren unter einem Gesetz, gebunden an ein anderes,

Vergeblich gezeugte und doch verbotene Eitelkeit,

Krank erschaffen, befohlen, gesund zu sein.

Was versteht die Natur unter diesen vielfältigen Gesetzen?

Leidenschaft und Vernunft, die Ursache der Selbstspaltung?

Ist es das Zeichen oder die Majestät der Macht?

Beleidigungen begehen, um sie zu verzeihen?

Die Natur selbst entjungfert sich selbst

Sie hasst diese Fehler selbst ...

Wenn die Natur nicht Freude am Blut hätte,

Sie hätte einfachere Wege zum Guten gefunden.

Miltons Ziel war es, die Wege Gottes gegenüber den Menschen zu rechtfertigen; Fulke Greville prangert sie düster an.

Ich werde in meiner Anthologie auch die außergewöhnliche Beschreibung der Hölle aller Höllen und der Entbehrung, der besonderen Qual des Ortes, im Prolog zu „Alaham" nicht auslassen:

Du schreckliches Monster, unter dessen hässlichem Untergang

Unten in der ewigen Nacht der Ewigkeit

Die zeitlichen Sünden des Menschen bringen unendliche Qualen mit sich,

Um die Verzweiflung zu ändern, muss ich kommen

Um die Erde zu verführen und das Licht zu entweihen.

Es gibt einen Ort, auf dem kein Zentrum platziert ist,

Tief unter den Tiefen, so weit der Himmel reicht

Über der Erde, dunkel, unendlich weit auseinander,

Pluto, der König, das Königreich Elend.

Dort würde Entbehrung herrschen, von Gott nicht geschaffen,

Aber Geschöpf der ungeschaffenen Sünde,

Dessen Wesen ist es, in alle Wesen einzudringen,

Kein Ende haben, obwohl es begonnen hat;

Und so von Vergangenheit, Gegenwart und Zukunft,

Entziehendes, nicht quälendes Schicksal geben.

Doch der Schrecken mischte sich in das Verständnis....

Wie die meisten seiner Zeitgenossen in jenen glücklichen Tagen, bevor der Begriff des Fortschritts erfunden wurde, war Lord Brooke das, was Peacock einen „Pejorationisten" genannt hätte. Seine politischen Ansichten (und sie waren auch die von Sidney) spiegeln sich in seinem *Leben von Sir Philip Sidney wider*. Das Beste, was ein Staatsmann nach Ansicht dieser elisabethanischen Pessimisten tun kann, ist, das verfallende Gefüge der Gesellschaft zu flicken und zu stützen, in der Hoffnung, den endgültigen, unvermeidlichen Absturz noch etwas länger abzuwenden. Uns, die wir gelernt haben, das elisabethanische Zeitalter als das prächtigste in der englischen Geschichte zu betrachten, erscheint es merkwürdig, dass die Männer, die Zeugen dieser Pracht waren, ihre Zeit als ein Zeitalter des Verfalls betrachtet haben.

Die Vorstellung vom Sündenfall war in der verzweifelten Poesie fruchtbar. Eines der bemerkenswertesten Produkte dieser Lehre ist ein gewisses „ Sonett Chrétien " des Schriftstellers Jean Ogier de Gombauld aus dem 17. Jahrhundert mit dem Beinamen „ le Beau Ténébreux ".

Diese Todesquelle, diese Mordkommission,

Ce péché l'efer a le monde infecté,

Ich habe viel Zeit gehabt, um alles zu genießen,

Und ich hatte immer ein lustiges Bild.

Der Autor der Universität, die berühmte Monarque

Es ist in meiner eigenen Schönheit sichtbar.

Dieser alte Ehrentitel wurde von den Autoren übernommen

Und ich höre noch eine Zugabe, es ist alles, was mir noch bleibt.

Aber das ist mir gelungen, und ich habe noch mehr Glück

Qu'un fantôme qui court après l'ombre d'un bien,

Unser animiertes Korps war schon lange da.

Nicht, ich brauche viel mehr, wenn ich mich überzeugen muss,

Es war ein Geist, den ich in einem Lied hörte

Und ich suche unaufhörlich, dass er nicht gefunden werden kann.

Darin finden sich erstaunliche Zeilen, Zeilen, die von einem Baudelaire geschrieben worden wären, wenn er als Hugenotte und zweihundert Jahre vor seiner Zeit geboren worden wäre. Man würde erwarten, dass dieser „vom einzigen nagenden Wurm belebte Kadaver" zwischen den düsteren und schönen Blumen des Bösen verrottet.

Eine amüsante Spekulation. Wenn Steinachs verjüngende Maßnahmen am Alten zur Normalität und Akzeptanz werden, welche Auswirkungen wird diese Aufhebung des deprimierenden Prozesses des Verfalls auf die Poesie haben? Es kann sein, dass die Poesie der Melancholie und Verzweiflung dazu bestimmt ist, ihren Platz in der Literatur zu verlieren und dass ein Geist dessen, was William James „Gesundheit" nannte, ihr Reich erben wird. Viele „ewige Wahrheiten" sind bereits auf dem Müllhaufen veralteter Ideen gelandet. Es kann sein, dass diese letzte und scheinbar unerbittlichste davon – dass das Leben kurz ist und einem schrecklichen Verfall unterworfen ist – zu den anderen großen Gemeinplätzen gesellt wird, die bereits aus der Literatur verschwunden sind.

Das Fleisch ist brüchig, der Teufel ist schleimig:

Timor mortis verärgert mich:—

Eines Tages werden diese Gefühle vielleicht ebenso hoffnungslos überholt erscheinen wie Miltons Kosmologie.

XV
TIBET

In Momenten völliger Verzweiflung, wenn es den Anschein hat, dass in der schlechtesten aller möglichen Welten alles zum Schlechten steht, ist es ermutigend zu entdecken, dass es Orte gibt, an denen die Dummheit noch despotischer herrscht als in Westeuropa, wo die Zivilisation sogar auf Prinzipien basiert fantastischer unvernünftiger. Die jüngste Erfahrung hat mir gezeigt, dass die Depression, in die der Frieden, Herr Churchill, der Zustand der zeitgenössischen Literatur gewirkt hat, um den Geist zu stürzen, durch ein selbst oberflächliches Studium der Sitten und Gebräuche Tibets spürbar gelindert werden kann. Der Anblick einer alten und hochentwickelten Zivilisation, von der fast kein Detail völlig idiotisch ist, ist im höchsten Maße tröstlich und erfrischend. Es erfüllt uns mit Hoffnungen auf den endgültigen Erfolg unserer eigenen Zivilisation; Es stellt unsere schwankende Selbstzufriedenheit als Bürger des industrialisierten Europas wieder her. Im Vergleich zu Tibet sind wir großartig. Lassen Sie uns den Vergleich schätzen.

Mein Informant über die tibetische Zivilisation ist ein gewisser japanischer Mönch namens Kawaguchi, der zu Beginn dieses Jahrhunderts drei Jahre in Tibet verbrachte. Sein Bericht über die Erfahrung wurde ins Englische übersetzt und unter dem Titel *Three Years in Tibet* von der Theosophischen Gesellschaft veröffentlicht. Es ist eines der großartigsten Reisebücher der Welt und meines Wissens das interessanteste Buch über Tibet, das es gibt. Kawaguchi genoss in Tibet Möglichkeiten, die kein europäischer Reisender hätte haben können. Er besuchte die Universität von Lhasa, er genoss die Bekanntschaft mit dem Dalai Lama selbst, er pflegte enge Beziehungen zu einem der vier Finanzminister, er war der Freund von Lamas und Laien, allen Schichten und Schichten der Tibeter, aus der höchsten Klasse bis zur niedrigsten – der verabscheuungswürdigen Kaste der Schmiede und Metzger. Er kannte sein Tibet genau; Tatsächlich war er in diesen drei Jahren praktisch ein Tibeter. Das kann kein europäischer Entdecker von sich behaupten, und genau das macht Kawaguchis Buch so einzigartig interessant.

Den Japanern ist es wie den Menschen jeder anderen Nationalität außer den Chinesen nicht gestattet, nach Tibet einzureisen. Herr Kawaguchi ließ nicht zu, dass dies seiner frommen Mission im Wege stand – denn sein Zweck bei seinem Besuch in Tibet bestand darin, die buddhistischen Schriften und Traditionen des Ortes zu erforschen. Er machte sich auf den Weg nach Indien und machte sich während eines längeren Aufenthalts in Darjeeling mit der tibetischen Sprache vertraut. Anschließend machte er sich auf den Weg über den Himalaya. Da er es nicht wagte, die streng bewachten Tore zu durchbrechen, die den direkten Weg nach Lhasa versperrten, drang er an der südwestlichen Ecke Tibets ein, erduldete ungeheure Strapazen in einer unbewohnten Wüste 18.000 Fuß über dem Meeresspiegel, besuchte den heiligen See von Manosarovara und schließlich danach erstaunliche Abenteuer, in Lhasa angekommen. Hier lebte er fast drei Jahre und gab sich als Chinese aus. Am Ende dieser Zeit geriet sein Geheimnis ans Licht und er war gezwungen, seine Abreise nach Indien zu beschleunigen. So viel zu Kawaguchi selbst, obwohl ich gerne mehr über ihn gesagt hätte; denn ein charmanterer und sympathischerer Charakter offenbarte sich in keinem Buch.

Tibet ist so voll von fantastischer Low-Comedy, dass man kaum weiß, wo man mit der Aufzählung seiner Absurditäten anfangen soll. Sollen wir mit dem hochorganisierten Dienst ausgebildeter Krankenschwestern der Tibeter beginnen, deren einzige Aufgabe darin besteht, ihre Patienten am Einschlafen zu hindern? oder mit der Haupteinnahmequelle des Dalai Lama – dem Verkauf von Pillen aus Mist, im wahrsten Sinne des Wortes eine Guinea pro Schachtel? Oder mit dem tibetischen Brauch, sich vom Moment der Geburt an, wenn sie jedoch reichlich mit geschmolzener Butter gesalbt werden, bis zum Moment des Todes nie zu waschen? Und dann ist da noch die Universität von Lhasa, die ein bedeutender Cambridge-Philosoph mit der Universität Oxford verglichen hat – vielleicht etwas zu Unrecht; aber lass das durchgehen. An der Universität Lhasa wird der Student in Logik und Philosophie unterrichtet; Jedes Jahr seines Aufenthaltes muss er ein bis fünf- bis sechshundert Seiten heiliger Texte auswendig lernen. Er wird auch in Mathematik unterrichtet, aber in Tibet wird diese Kunst nicht weiter getrieben als die Subtraktion. Es dauert zwanzig Jahre, um an der Universität von Lhasa einen Abschluss zu bekommen – zwanzig Jahre, und dann werden die meisten Kandidaten abgewiesen. Um einen hervorragenden Ph.D. zu erhalten Um einen Abschluss zu erlangen, der dazu berechtigt, ein wirklich heiliger und bedeutender Lama zu werden, sind vierzig Jahre der Bewerbung um Studium und Tugendhaftigkeit erforderlich. Aber es ist sinnlos, einen Katalog der Freuden Tibets erstellen zu wollen. Es gibt zu viele davon, als dass man sie auf engstem Raum erwähnen könnte. Man kann nur einen Blick auf einige der helleren Stellen im System werfen.

Es gibt viel zu sagen zum tibetischen Steuersystem. Die Regierung benötigt beträchtliche Einnahmen; Denn es müssen enorme Summen aufgewendet werden, um in der wichtigsten buddhistischen Kathedrale von Lhasa ständig eine unzählige Armee von Lampen brennen zu lassen, die möglicherweise nicht mit etwas Billigerem als geklärter Yakbutter gefüttert werden. Dies ist der größte Ausgabenposten. Aber auch viel Geld fließt in die Unterstützung des tibetischen Klerus, der mindestens ein Sechstel der Gesamtbevölkerung ausmachen muss. Das Geld wird durch eine Kopfsteuer aufgebracht, die in Form von Sachleistungen gezahlt wird und deren Höhe nach alter Tradition festgelegt wurde und theoretisch niemals geändert werden darf. Nur theoretisch; denn die tibetische Regierung verwendet bei der Erhebung der Steuern nicht weniger als zwanzig verschiedene Gewichtsmaßstäbe und sechsunddreißig verschiedene Maßmaßstäbe. Das Pfund kann zwischen einem halben und anderthalb Pfund wiegen; und das Gleiche gilt auch für die Maßeinheiten. Auf diese Weise ist es möglich, je nach Gewicht und Maß, nach dem Ihre Steuer veranlagt wird, außerordentlich genau zu berechnen, wo genau Sie im Interesse der Regierung stehen. Wenn Sie ein notorisch schlechter Charakter sind oder sogar unschuldig sind, aber in einem schlechten Bezirk leben, müssen Sie Ihre Steuer in den höchsten Beträgen zahlen. Wenn Sie tugendhaft sind, oder besser, wenn Sie reich sind, aus gutem Hause und *lebenslang leben* , dann zahlen Sie mit Gewichten, die nur die Hälfte des Nenngewichts betragen. Für diejenigen, die die Regierung weder hasst noch liebt, sondern die sie mit mehr oder weniger Verachtung oder Toleranz betrachtet, gibt es die vierunddreißig dazwischen liegenden Stufen.

Kawaguchis abschließendes Urteil über die Tibeter nach drei Jahren enger Bekanntschaft mit ihnen ist nicht gerade schmeichelhaft:

Die Tibeter zeichnen sich durch vier schwerwiegende Mängel aus: Schmutz, Aberglaube, unnatürliche Bräuche (wie Polyandrie) und unnatürliche Kunst. Ich wäre zutiefst verblüfft, wenn man mich nach den Einlösepunkten fragen würde; aber wenn ich das tun müsste, würde ich zunächst das schöne Klima in der Umgebung von Lhasa und Shigatze erwähnen, ihre klangvollen und erfrischenden Stimmen beim Lesen des Textes, den lebhaften Stil ihrer Katechismen und ihre alte Kunst.

Sicherlich eine Menge Laster; Aber dann sollten die tibetischen Tugenden nicht leichtfertig aufgegeben werden. Wir Engländer besitzen nichts davon: Unser Klima ist abscheulich, unsere Art, die heiligen Texte zu lesen, ist äußerst schmerzhaft, unsere Katechismen waren, zumindest in meinen jungen Tagen, alles andere als lebendig, und unsere alte Kunst ist sehr gleichgültig. Doch trotz dieser Mängel, trotz Mr. Churchill und des Zustands der zeitgenössischen Literatur können wir immer noch auf die Tibeter blicken und uns beruhigt fühlen.

XVI
SCHÖNHEIT IM JAHR 1920

Für diejenigen, die die Zeichen der Zeit zu deuten wissen, wird es im Laufe dieser letzten Tage und Wochen klar geworden sein, dass die verrückte Jahreszeit vor der Tür steht. Schon jetzt – und das im Juli, während drei oder vier neue Kriege am donnernden Horizont grollen – ist bereits ein Monster der Tiefe in einem beliebten Badeort aufgetaucht. Herr Louis McQuilland hat bereits im *Daily Express* einen heftigen Angriff auf die jüngeren Dichter des Asylum gestartet. Schon jetzt sind die Bildbögen zu mehr als der Hälfte mit Fotos von badenden Nymphen gefüllt – Fotos, die einen die Leichtigkeit verständlich machen, mit der der heilige Antonius seine Versuchungen zurückwies. Die Zeitungsleute rennen wie Wölfe auf und ab und suchen ihre Beute, wo immer sie sie finden; und mit einhelligem Freudengeheul stürzte sich die gesamte Presse auf den Hasen, den Mrs. Asquith kürzlich in einem Teil ihrer Autobiografie begonnen hatte. Lass mich schwach und verspätet dem Rudel folgen.

Mrs. Asquiths Ablehnung der Schönheit gegenüber den Töchtern des 20. Jahrhunderts hat sich als gottgesandte Riesenstachelbeere erwiesen. Um diese alles andere als sanfte Amtsenthebung zu leugnen, musste eine ganze Reihe von Skinfood-Spezialisten, Porträtmalern und Fotografen hinzugezogen werden. Ein großer Teil des Raums wurde angenehm und kostengünstig gefüllt. Alle sind zufrieden, die Öffentlichkeit, die Redakteure, die Skinfood-Spezialisten und alle. Aber der mit Abstand interessanteste Beitrag zur Debatte war ein Bildbeitrag, der, wenn ich mich recht erinnere, in den *Daily News erschien*. Auf derselben Seite wurden uns nebeneinander die Fotografien von drei Schönheiten aus den 1880er-Jahren und drei aus den 1920er-Jahren gezeigt. Der Vergleich war äußerst aufschlussreich. Denn eine große Kluft trennt die beiden Arten von Schönheit, die diese beiden Fotoserien darstellen.

Ich erinnere mich an „ *If* ", eine dieser bezaubernden Verschwörungen von EV Lucas und George Morrow, an eine Reihe parodierter Modetafeln mit dem Titel „Wenn Gesichter flacher werden." Der Standard des letzten Jahres, der Evening Standard dieses Jahres." Die Gesichter unserer lebenden Schönheitsexemplare sind im Vergleich zu denen ihrer modischen Schwestern flacher geworden. Vergleichen Sie die Typen von 1880 und 1920. Der erste ist steil und hat ein fast römisches Profil; Bei den zeitgenössischen Schönheiten ist das Gesicht breiter und kürzer geworden, das Profil ist weniger edel, weniger imposant, ansprechender, verführerischer hübsch. Vor vierzig Jahren war es der aristokratische Typus, der geschätzt wurde; Heute hat sich der Volksgeschmack von der Gräfin zur Soubrette verlagert. Die Fotografie bestätigt die Tatsache, dass die Damen der Achtziger wie

Zeichnungen von Du Maurier aussahen. Aber bei der heutigen jungen Generation sucht man diesen Typ vergeblich; das Du Maurier-Jungfräulein ist ebenso ausgestorben wie das mesozoische Reptil; Das Fischmädchen und andere verwandte Arten mit flachem Gesicht haben ihren Platz eingenommen.

Zwischen den dreißiger und fünfziger Jahren dominierte ein anderer Typ, das eiergesichtige Mädchen, die Zuneigung der Welt. Von den frühen Porträts von Königin Victoria bis zu den Modetellern im *Ladies' Keepsake* herrscht dieser unveränderliche Typus vor – das eiförmige Gesicht, das glatte Haar, der schwanenartige Hals, die runden Champagnerflaschenschultern. Verglichen mit der anständigen Gleichgültigkeit des eiförmigen Mädchens wirken unsere flachen Modeteller furchtbar verlassen und provokativ. Und weil man von diesen Eiergesichtern aus früheren Zeiten so viel Seriosität erwartet, ist man leicht schockiert, wenn man sieht, wie sie sich auf eine Art und Weise verhalten, die unangemessen erscheint. Man denkt an das bezaubernde Bild von Etty: „Jugend am Bug und Vergnügen am Steuer". Die Najaden sind vom reinsten eiförmigen Typ. Ihr Haar ist glatt, ihre Schultern hängen und ihre Gesichter sind so ausdruckslos. Und doch tragen sie keine Kleidung. Es ist fast unanständig; man stellte sich vor, dass der eigesichtige Typ komplett mit wallenden Vorhängen auf die Welt käme.

Es ist nicht nur das Gesicht der Schönheit, das sich mit den Veränderungen des Volksgeschmacks verändert. Die Champagnerflaschenschultern des eiförmigen Mädchens sind aus der modernen Mode und aus dem modernen Leben verschwunden. Die zeitgenössische Hand mit ihren beiden zusammengehaltenen Mittelfingern und gespreiztem Zeigefinger und kleinem Finger ist ein weiteres neues Produkt. Vor allem die Füße haben sich verändert. Zur Zeit der Eiergesichter hatte kein modischer Teller mehr als einen Fuß. Ich denke, diese Regel wird unveränderlich sein. Dieser einzelne Fuß ragt, meist auf eine seltsam willkürliche Art und Weise, als hätte er nichts mit einem Bein zu tun, unter der Rockkante hervor. Und was für ein Fuß! Es hat nichts mit den provokanten Füßen in Sucklings Ballade zu tun:

Ihre Füße unter ihrem Petticoat

Wie kleine Mäuse, die sich ein- und ausschlichen.

Es ist ein strenger Fuß. Es ist ein kleiner, schwarzer, länglicher Gegenstand wie ein Teeblatt. Kein lebender Mensch hat jemals einen solchen Fuß gesehen, denn er ist den Füßen von 1920 völlig unähnlich. Heutzutage ist der Modeteller immer ein Zweibeiner. Das Teeblatt wurde durch zwei Füße mit reichem Barockmuster ersetzt, geschwungen und geschwungen, mit Spannen wie die Hälse arabischer Pferde. Gesichter mögen ihre Form verändert haben, aber Füße haben sich weitaus radikaler verändert. Über den Text „Die

Füße der jungen Frauen" ließe sich eine tiefgründige philosophische Predigt schreiben.

Und wo ich gerade beim Thema Füße bin, möchte ich noch ein weiteres merkwürdiges Phänomen der gleichen Art erwähnen, das jedoch diesmal die Standards männlicher Schönheit berührt. Untersuchen Sie die Bildkunst des 18. Jahrhunderts und Sie werden feststellen, dass die Form des männlichen Beines nicht mehr so ist, wie sie war. Damals war die Wade des Beins kein Muskel, der sich etwas unterhalb der Kniekehle zu seiner größten Ausdehnung ausdehnte, um dann *decrescendo* zum Knöchel hin nachzulassen. Nein, im 18. Jahrhundert war die Wade eine gleichmäßige Sichel, deren größter Vorsprung gegenüber der Mitte des Schienbeins lag; Der Knöchel, wie wir ihn kennen, existierte kaum. Dieses merkwürdige Kalb wird von fast jedem kleineren Bildermacher des 18. Jahrhunderts und sogar von einigen der großen Meister, wie zum Beispiel Blake, in die Aufmerksamkeit gedrängt. Wie es entstanden ist, weiß ich nicht. Vermutlich wurde in den Kunstschulen davon ausgegangen, dass das Halbmondkalb der platonischen Idee des menschlichen Beins näher kommt als die armselige verzerrte Erscheinung des wirklichen Lebens. Persönlich bevorzuge ich meine Waden mit der Wölbung oben und einem richtigen Knöchel unten. Aber dann halte ich nicht viel vom *Beau Idéal*.

Der Prozess, durch den eine Art von Schönheit populär wird, eine Zeit lang ihre Tyrannei ausübt und dann von einer anderen Art verdrängt wird, ist ein mysteriöser Prozess. Es kann sein, dass geduldige Geschichtsforscher am Ende ein Gesetz entdecken, das die Umwandlung des Du Maurier-Typs in den Flachgesichtstyp, des Teeblattfußes in den Barockfuß und des Halbmondkalbs in den normalen Wadentyp erklärt. Soweit man heute sehen kann, scheinen diese Veränderungen das Ergebnis bloßer Zufälligkeit und willkürlicher Entscheidungen zu sein. Aber zweifellos wird eine Zeit kommen, in der man feststellen wird, dass diese Geschmacksveränderungen ebenso unausweichlich vorbestimmt sind wie jede chemische Veränderung. Angesichts des Südafrikakrieges war die Thronbesteigung Eduards VII. und dem liberalen Triumph von 1906 war es zweifellos ebenso unvermeidlich, dass Du Maurier Fish weichen musste, wie dass Zink, wenn es Schwefelsäure ausgesetzt wurde, in ZnSO4 + H2 zerfiel. Aber wir überlassen es anderen, die genaue Funktionsweise des Gesetzes zu formulieren.

XVII
GROSSE GEDANKEN

Allen Liebhabern unbekannter Zitate, Aphorismen, großer Gedanken und intellektueller Juwelen möchte ich wärmstens einen kürzlich in Brüssel erschienenen umfangreichen Band mit dem Titel „ *Pensées sur la Science, la Guerre et sur des sujets très variés"* empfehlen . Das Buch enthält etwa zwölf- bis dreizehntausend Zitate, ausgewählt aus einem Schatz von einhundertdreiundzwanzigtausend großartigen Gedanken, die durch den Fleiß von Dr. Maurice Legat zusammengetragen und gesammelt wurden – ein Fleiß, dessen Wert jeder, der dies getan hat, zu schätzen wissen wird hat jemals den Versuch unternommen, ein alltägliches Buch oder eine eigene private Anthologie zusammenzustellen. Die fast unerträgliche Mühe, Auszüge abzuschreiben, kann nur durch den drastischen Einsatz der Schere vermieden werden; und es gibt nur wenige, die sich den Luxus leisten können, ihre Kopien der besten Autoren zu verstümmeln.

Einige Tage lang machte ich Dr. Legats Buch zu meinem *Buch* . Aber ich musste es bald aufgeben, es nachts zu lesen, denn ich stellte fest, dass der Große oft so seltsame Dinge sagte, dass ich bei dem Bemühen, ihre Bedeutung herauszufinden, wach gehalten wurde. Warum sollte beispielsweise Lamennais kategorisch sagen: „Si les animaux connaissaient Dieu, ils parleraient" ? Was könnte Kardinal Maury gemeint haben, als er sagte: „L'éloquence, compagne ordinaire de la liberté [erstaunliche Verallgemeinerung!], est inconnue en Angleterre"? Dies waren Geheimnisse, die unlösbar genug waren, um der einschläfernden Wirkung solch tiefgründiger Wahrheiten entgegenzuwirken, wie diese offenbar 1846 von Monsieur CHD Duponchel entdeckt wurde: „Le plus sage mortel est sujet à l'erreur."

Dr. Legat hat einige erfreuliche Zitate zum Thema England und die Engländer gefunden. Seine Auswahl beweist, mit welcher fatalen Leichtigkeit selbst die intelligentesten Köpfe dazu verleitet werden, Verallgemeinerungen über den Nationalcharakter anzustellen, und wie grotesk diese Verallgemeinerungen immer sind. Montesquieu teilt uns mit, dass „das Schicksal verloren gegangen ist, ein Englisch ist gekommen, oder Sie haben es geschafft." Über die bessere Hälfte dieses potenziellen Mörders und Räubers sagt Balzac: „La femme anglaise est une pauvre créature verteuse par force, prête à se dépraver." „La vanité est l'âme de toute société anglaise", sagt Lamartine. Ledru-Rollin ist der Meinung, dass alle Reichtümer Englands „des dépouilles volées aux tombeaux" sind.

Die Goncourts riskieren eine typisch schneidige Verallgemeinerung der Nationalcharaktere Englands und Frankreichs: „L'Anglais, filou comme peuple, est honnête comme individu." Es ist das Gegenteil von Français, ich bin ein Mensch, und ich bin ein Individuum." Wenn man einen Vergleich anstellen will, ist Voltaires Werk zufriedenstellender, weil es weniger prätentiös ist. Seltsam sind die Wege von euch Engländern,

qui, des mêmes couteaux,

Coupez la tête au roi et la queue aux chevaux.

Nous Français, plus humains, laissons aux rois leurs têtes,

Und die Warteschlange vor unseren Besten.

Es ist bedauerlich, dass die Geschichte die Wahrheit dieser prägnanten und prägnanten Aussage entkräftet hat.
Aber die hellen Flecken in diesem riesigen Wälzer sind selten. Nachdem man ein paar hundert Seiten umgeblättert hat, muss man, wenn auch widerstrebend, zugeben, dass der Große Gedanke oder die Maxime fast die langweiligste Form der Literatur ist, die es gibt. Andere scheinen mir bei dieser großartigen Entdeckung zuvorgekommen zu sein. „Las de m'ennuyer des pensées des autres", sagt d'Alembert, „j'ai voulu leur donner les miennes; Aber ich kann es kaum erwarten, ihr zu schmeicheln, bis ich die Langeweile verspüre, die ich mir erhofft habe." Fast neben d'Alemberts Aussage finde ich dieses Bekenntnis aus der Feder von J. Roux (1834-1906): „Emettre des pensées, voilà ma consolation, mon délice, ma vie!" Glücklicher Monsieur Roux!
Unzufrieden mit Dr. Legats Gedankensammlung wandte ich mich zufällig der zweiten Ausgabe von *Proverbe* zu, einer monatlichen, vierseitigen Rezension, die von M. Paul Eluard geleitet wurde und zu deren Mitwirkenden Tristan Tzara von *Dada-* Ruhm, die Herren Soupault, Breton, zählte und Aragon, die Direktoren von *Littérature* , M. Picabia, M. Ribemont-Dessaignes und andere derselben Niere. Hier, auf der Titelseite der März-Ausgabe von *Proverbe* , fand ich genau den Kommentar zu „Great Thoughts", nach dem ich in meiner Unzufriedenheit gesucht hatte. Die folgenden sechs Maximen sind untereinander abgedruckt: Die erste davon ist ein Zitat aus dem *Intransigeant* ; die anderen fünf scheinen das Werk von M. Tzara zu sein, der eine entsprechende Fußnote anfügt: „Je m'appelle dorénavant exclusivement Monsieur Paul Bourget." Hier sind sie:
Er hat die Regeln tatsächlich verletzt, aber er ist derjenige, der den Verräter tatsächlich verletzt hat.
Er beherrschte die Sachkenntnis, aber er beherrschte den Wahnsinn.
Er kennt die Bratschen wirklich, aber er ist der Meister des Meisters.
Er kennt die Regeln wirklich, aber er weiß nicht, warum er die Gewalt genau kennt.

Er beherrscht die Bratschen genau, aber er ist auch dafür da, den Kenner genau zu beherrschen.

Es war die Erkenntnis, aber das war es, was die Kontrolle übertrug.

Es bleibt zu hoffen, dass Dr. Legat in der nächsten Auflage seines Buches zumindest einer Auswahl dieser tiefgründigen Gedanken Raum findet. „ LE passé et LA pensée n'existent pas", bekräftigt M. Raymond Duncan auf einer anderen Seite von *Proverbe* . Gerade nach der Einnahme einer zu großen Dosis „Pensées sur la Science, la Guerre et sur des sujets très variés" wünscht sich die eine Hälfte, dass die Aussage tatsächlich wahr wäre.

XVIII
WERBUNG

Ich habe mich schon immer für die Feinheiten der literarischen Form interessiert. Diese Beschäftigung mit der äußeren Hülle, mit dem Buchstaben der Literatur ist, so wage ich zu behaupten, das Zeichen einer grundsätzlichen spirituellen Ohnmacht. Gigadibs, der Literat, kann die Tricks des Fachs verstehen; aber wenn es nicht um Beschwörungen, sondern um Wunder geht, ist er nicht wirksamer als Mr. Sludge. Dennoch macht es Spaß, dem Zaubern zuzuschauen und es zu üben; ein Interesse an der Maschinerie der Kunst bedarf keiner weiteren Begründung. Ich habe mich mit vielen literarischen Formen beschäftigt, mich an ihren unterschiedlichen Feinheiten erfreut und die Mittel untersucht, mit denen große Autoren der Vergangenheit die technischen Probleme jeder einzelnen Form gelöst haben. Manchmal habe ich sogar versucht, die Probleme selbst zu lösen – eine entzückende und heilsame Übung für den Geist. Und jetzt habe ich die aufregendste, mühsamste literarische Form von allen entdeckt, die am schwierigsten zu beherrschende, die reichste an merkwürdigen Möglichkeiten. Ich meine die Werbung.

Niemand, der nicht versucht hat, eine Anzeige zu schreiben, hat eine Vorstellung von den Freuden und Schwierigkeiten, die diese Form der Literatur mit sich bringt – oder soll ich sagen: „angewandte Literatur", um derer willen, die immer noch an die romantische Überlegenheit des Reinen glauben, das Desinteressierte, über das unmittelbar Nützliche? Das Problem, mit dem sich der Verfasser von Werbeanzeigen konfrontiert sieht, ist äußerst kompliziert und aufgrund seiner Schwierigkeit äußerst interessant. Es ist viel einfacher, zehn halbwegs wirkungsvolle Sonette zu schreiben, die gut genug sind, um den nicht allzu neugierigen Kritiker anzuziehen, als eine wirkungsvolle Werbung, die ein paar Tausend unkritische Käufer anzieht. Das Problem des Sonetts ist im Vergleich zum Problem der Werbung ein Kinderspiel. Beim Schreiben eines Sonetts muss man nur an sich selbst denken. Wenn die Leser eines davon langweilig oder obskur finden, ist das umso schlimmer für sie. Aber beim Verfassen einer Anzeige muss man an andere Menschen denken. Werbeautoren dürfen weder lyrisch noch obskur oder in irgendeiner Weise esoterisch sein. Sie müssen allgemein verständlich sein. Eine gute Werbung hat mit Drama und Reden gemeinsam, dass sie sofort verständlich und unmittelbar berührend sein muss. Aber gleichzeitig muss es die Prägnanz eines Epigramms besitzen.

Der Redner und der Dramatiker haben „Welt genug und Zeit", um durch kumulative Appelle ihre Wirkung zu erzielen; sie können ihr Thema umdrehen, sie können wiederholen; Zwischen den Höhen ihrer Beredsamkeit können sie sich anmutig in der Kunst des Sinkens üben, wohlwissend, dass eine Phase der Flachheit nur den Glanz ihrer leidenschaftlichen Momente hervorheben wird. Aber der Werbetreibende hat keinen freien Platz; er zahlt für jeden Zentimeter zu teuer. Er muss mit einem kleinen und begrenzten Instrument auf die Gedanken seines Publikums einwirken. In einer Rede, die nicht länger ist als so mancher Text von Herrick, muss er sie davon überzeugen, sich von ihrem Geld zu trennen . Könnte ein Problem faszinierend schwieriger sein? Niemand sollte über das *Mot Juste* oder die Verfeinerung des Stils reden dürfen, der nicht versucht hat, eine Werbung für etwas zu schreiben, das das Publikum nicht will, zu dessen Kauf es aber überredet werden muss. Ihr *Boniment* darf nicht mehr als einhundertfünfzig oder zweihundert Wörter betragen. Mit welcher Sorgfalt müssen Sie jede Silbe abwägen! Welche unendlichen Mühen müssen aufgewendet werden, um jede Phrase in einen Widerhaken zu verwandeln, der im Gedächtnis des Lesers hängen bleibt und die widerstrebende Münze aus seinem Versteck in seiner Tasche hervorholt! Der eigene Stil und die eigenen Ideen müssen klar und einfach genug sein, damit sie von allen verstanden werden. aber gleichzeitig dürfen sie nicht vulgär sein. Eleganz und wirtschaftliche Vornehmheit sind gefragt; Aber jede Spur von Literalität in einer Werbung ist für ihren Erfolg verhängnisvoll.

Ich weiß nicht, ob schon jemand eine Geschichte der Werbung geschrieben hat. Wenn das Buch noch nicht existiert, muss es sicherlich geschrieben werden. Die Geschichte der Entwicklung der Werbung von ihren Anfängen im frühen 19. Jahrhundert bis zu ihrer üppigen Reife im 20. Jahrhundert ist ein wesentliches Kapitel in der Geschichte der Demokratie. Die Werbung beginnt kläglich und kriecht auf dem Bauch wie die Schlange nach dem Urfluch. Seine Ablehnung ist die ölige Demut des Ladenbesitzers in einer oligarchischen Gesellschaft. Diese ekelerregenden Verweise auf Adel und Klerus, die in der frühen Werbung die Grundvoraussetzung waren, sind nur in einer Zeit möglich, in der die Aristokratie und ihre etablierte Kirche das Land effektiv beherrschten. Der Brauch, diese Mächte anzurufen, blieb bestehen, lange nachdem sie nicht mehr vorherrschend waren. Ich glaube, es ist mittlerweile fast vollständig ausgestorben. Es kann sein, dass bestimmte altmodische Mädchenschulen immer noch den Töchtern des Adels und des Klerus Bildung bieten; aber ich neige dazu, daran zu zweifeln. Für Werbetreibende lohnt es sich immer noch, die Namen und Wappen von Königen zur Schau zu stellen. Aber alles andere als ein Königtum ist, offen gesagt, eine „Vernichtung".

Der kriechende Werbestil mit seiner Mischung aus bescheidenen Appellen an Kunden und seiner übertriebenen Lobpreisung der beworbenen Waren wurde schon früh durch den pseudowissenschaftlichen Stil variiert, eine einfache Weiterentwicklung des Quacksalber-Geschwätzes auf dem Jahrmarkt. Balzacianer werden sich an die Werbung erinnern, die Finot und der berühmte Gaudissard für César Birotteaus „Huile Céphalique" verfasst hatten. Der Typ ist noch nicht tot; Wir sehen immer noch Werbung für Substanzen, die „auf den von der Akademie der Wissenschaften festgelegten Prinzipien basieren", Substanzen, die „den Alten, den Römern, den Griechen und den Nationen des Nordens" bekannt waren, aber verloren gingen und nur vom Werbetreibenden wiederentdeckt wurden. Der Stil und die Art dieser Werbung aus der frühen und mittleren Epoche des Werbezeitalters tragen weiterhin den Eindruck der einst verabscheuungswürdigen Stellung des Handels. Sie sind mit der unmöglichen und unaufrichtigen Salbung von Handwerkerbriefen geschrieben. Sie sind schrecklich unkultiviert; und wenn ihre Autoren etwas Ehrgeizigeres als den Zählhausstil anstreben, verfallen sie sofort in die gestelzte Redewendung des autodidaktischen Lernens. Einige der früheren Bemühungen, den Ton der Werbung zu verbessern, sind sehr merkwürdig. Man erinnert sich an die bemerkenswerten ganzseitigen Anzeigen von Enos Fruchtsalz, vollgepackt mit gewichtigen Apophthegmen von Emerson, Epictetus, Zeno dem Eleaten, Pomponazzi, Slawkenbergius und anderen Quellen menschlicher Weisheit. Auf diesen seltsamen Seiten gab es eine edle Lektüre. Aber sie teilten mit den Predigten den Fehler, ein wenig langweilig zu sein.

Die Kunst des Werbeschreibens ist mit der Demokratie aufgeblüht. Die Herren der Industrie und des Handels erkannten nach und nach, dass der richtige Weg, sich an die Freien Völker der Welt zu wenden, vertraulich und ehrlich von Mann zu Mann ist. Sie erkannten, dass sich Übertreibung und Übertreibung nicht wirklich lohnen, dass Scharlatanerie zumindest einen Hauch von Aufrichtigkeit haben muss. Sie vertrauten sich der Öffentlichkeit an, sie appellierten auf jede erdenkliche schmeichelhafte Weise an ihre Intelligenz. Die Technik der Kunst wurde auf einmal immens schwieriger als je zuvor, bis heute ist die Werbung, wie ich bereits angedeutet habe, eine der interessantesten und schwierigsten modernen literarischen Formen. Seine Möglichkeiten sind noch nicht zur Hälfte erforscht. Der interessanteste und in manchen Fällen der einzig lesbare Teil der meisten amerikanischen Zeitschriften ist bereits der Anzeigenteil. Was hält die Zukunft bereit?

XIX
EUPHUES REDIVIVUS

Ich hatte kürzlich das Glück, mir ein Exemplar des sehr seltenen und wertvollen Romans *Delina Delaney* von Amanda M. Ros, Autorin von *Irene Iddesleigh* und *Poems of Puncture* , *zu sichern* . Der Name von Frau Ros ist nur einem kleinen und ausgewählten Leserkreis bekannt. Aber von diesen wenigen wird sie hoch geschätzt; Einer ihrer Leser, so heißt es, habe sich tatsächlich Mühe gegeben, eine vollständige Manuskriptkopie von *Delina Delaney anzufertigen* , so groß war seine Bewunderung und das Buch war so hoffnungslos vergriffen. Ich möchte den Band, das Meisterwerk von Frau Ros, geschäftstüchtigen Verlegern empfehlen.

Delina Delaney beginnt mit einer gewaltigen, in ihrem Reichtum an schmähender Beredsamkeit fast schon Rabelaisschen Verunglimpfung von Mr. Barry Pain, der Irene Iddesleigh in seiner Rezension des Romans in *Black and White* offenbar mit wenig Respekt behandelt hatte . „Dieser sogenannte Barry Pain hat es sich zur Aufgabe gemacht, ein Werk zu kritisieren, dessen Tiefe nicht an die Lösungskraft seines geliehenen und, wie er möchte, glauben, vielfältigen Talents heranreicht." Aber „Mir liegt die Meinung halb verhungerter Emporkömmlinge nicht am Herzen, die das Gewand eines schäbigen Edelmanns anziehen und den Geist des Volkes gerne mit den wertlosen Fetzen gestohlener Fantasien nähren würden." Also sterben alle Rezensenten! Und nun zu Delina selbst.

Die Geschichte ist einfach. Delina Delaney, Tochter eines Fischers, liebt und wird von Lord Gifford geliebt. Der unheilvolle Einfluss einer dunkelhaarigen Französin, Madame de Maine, Tochter des Grafen Av-Nevo, gerät zwischen die Liebenden und ihr Glück, und Delina erduldet schreckliche Qualen, darunter drei Jahre Zuchthaus, bevor ihre Vereinigung stattfinden kann . Bemerkenswert ist eher die Art und Weise als der Inhalt des Buches. Hier ist zum Beispiel ein schönes Gespräch zwischen Lord Gifford und seiner Mutter, einer aristokratischen Dame, die energisch Einwände gegen seine Verbindung mit Delina erhebt. Als sie eines Tages nach Columba Castle zurückkehrt, hört sie eine unangenehme Neuigkeit: Man hat gesehen, wie ihr Sohn Delina im Wintergarten geküsst hat.

„Wieder zu Hause, Mutter?" sagte er kühn, während er ihr ehrfürchtig ins Gesicht blickte.

„Heimat des Hades!" erwiderte die tobende Edeltochter von vornehmer Weiblichkeit.

„Ah ich! was ist los?" fragte demütig seine Lordschaft.

„Mit einer Mutter mit gebrochenem Herzen und niederträchtigem Nachwuchs ist alles in Ordnung", antwortete sie hitzig Geißelnde Peitsche väterlicher Autorität für dein Rückgrat des Grolls (obwohl du ihn jahrelang für tot gehalten hast) und Säule mütterlichen Vertrauens."

Arme Lady Gifford! Das Verhalten ihres Sohnes war ihr Verhängnis. Der Schock führte dazu, dass sie zunächst ihren Verstand und dann ihr Leben verlor. Ihr Sohn war untröstlich bei dem Gedanken, dass er für ihren Untergang verantwortlich war:

„Ist es wahr, oh Tod", schrie ich in meiner Qual, „dass du mir meine Mutter, Lady Gifford von Columba Castle, entrissen und mich hier zurückgelassen hast, eine Einheit, die auf der großen Tafel der Vergangenheit, der wackeligen Oberfläche, steht." des gegenwärtigen und wankelmütigen Feldes der Zukunft, um meine Lebensschritte zu verfolgen, mit grober Gleichgültigkeit gegenüber ihrem ersehnten Wunsch? beschleunigter Zorn.

Es ist unmöglich anzunehmen, dass Mrs. Ros jemals *Euphues* oder die früheren Romanzen von Robert Greene gelesen haben kann. Wie sollen wir dann die außerordentliche Ähnlichkeit ihres Stils mit dem Euphuismus erklären? Wie erklären sich diese reichhaltigen Alliterationen, diese aufwändigen „Kennings" und Umschreibungen, aus denen das Gewebe ihres Buches besteht? Nehmen Sie Lyly seine Gelehrsamkeit und seine Leidenschaft für Antithesen weg, und Sie haben Mrs. Ros. Delina ist die eigene Schwester von Euphues und Pandosto. Tatsache ist, dass Frau Ros, obwohl sie dreihundert Jahre und mehr vom Euphuismus getrennt war, unabhängig voneinander genau auf derselben Entwicklungsstufe angekommen ist wie Lyly und seine Schüler. Es ist möglich, in einem heranwachsenden Kind ein Miniaturbild aller Phasen zu sehen, die die Menschheit in ihrer Entwicklung durchlaufen hat. Und auf die gleiche Weise kann der Geist eines Individuums (besonders, wenn dieses Individuum vom Hauptstrom des zeitgenössischen Denkens isoliert wurde) allein zu einem Punkt aufsteigen, an dem in der Vergangenheit eine ganze Generation geruht hat. In Mrs. Ros sehen wir, wie wir es in den elisabethanischen Romanautoren sehen, das Ergebnis der Entdeckung der Kunst durch einen unkultivierten Geist und seines ersten bewussten Versuchs, das Künstlerische hervorzubringen. Es ist bemerkenswert, wie spät in der Geschichte jeder Literatur die Einfachheit erfunden wird. Die ersten Versuche eines jeden Volkes, bewusst literarisch zu sein, führen immer zu der ausgefeiltesten Künstlichkeit. Poesie wird immer vor Prosa geschrieben und immer in einer Sprache, die möglichst weit von der Sprache des gewöhnlichen Lebens entfernt ist. Die Sprache und Verse von „Beowulf" sind weitaus künstlicher und lebensfremder als beispielsweise die von „ *The Rape of the Lock* ". Die Euphuisten waren keine Barbaren, die als erste die Literatur entdeckten; sie waren im Gegenteil hochgebildet. Aber in einer

Sache waren sie unkultiviert: Sie entdeckten die Prosa. Sie erkannten, dass Prosa mit Kunst geschrieben werden konnte, und sie schrieben sie so künstlich wie möglich, so wie ihre sächsischen Vorfahren Gedichte schrieben. Sie waren berauscht von ihrer Entdeckung der Künstlichkeit. Es dauerte einige Zeit, bis der Rausch nachließ und die Menschen erkannten, dass Kunst ohne Künstlichkeit möglich war. Frau Ros, eine Elisabethanerin, die außerhalb ihrer Zeit geboren wurde, steht immer noch im Bann dieses magischen und köstlichen Rausches.

Die Kunstgriffe von Frau Ros sind oft sogar bemerkenswerter und ausgefeilter als die von Lyly. So erzählt sie uns, dass Delina mit Handarbeiten ihr Geld verdiente:

Sie gab sich alle Mühe, das geringe Einkommen ihres armen alten Vaters durch den Einsatz feinster Stahlproduktion fernzuhalten, deren stumpfe Schneide mit deutlicher Gier auf die Spulenbespannung blickte und ihren scharfen Pfeil makellosen Stoffen von flachsfeiner Qualität entgegenstreckte.

Und Lord Gifford verabschiedet sich mit folgenden Worten von Delina:

Ich komme gerade noch rechtzeitig, um zu hören, wie das Läuten einer Abschiedsglocke ihr schweres Gewicht entsetzlicher Weichheit gegen die schwächsten Fasern eines Herzens der Liebe schlägt, seine ruhende Wirkung erweckt und kitzelt und den Pfeil der offensichtlichen Trennung tiefer in seine Röhren der Zärtlichkeit stößt. und die ohnehin schon unauslöschliche Flamme in Volumen brennenden Feuers zu entfachen.

Aber häufiger überschreitet Frau Ros nicht die Grenzen, die Lyly sich selbst gesetzt hat. Hier ist zum Beispiel ein Satz, der direkt aus *Euphues stammen könnte* :

heiligen Kreuzgänge eines Klosters zu betreten, wo sie, wie sie glaubte, den aufgebauten Hoffnungen auf Reichtum, den krummen Stufen zu weltlichem Ruhm und dem designenden Knarren gestorben sein würde . im schlammigen Strom der Liebe.

Oder noch einmal: Diese Beschreibung der kunstvollen Charmeure, die durch die Straßen Londons schlendern, ist ganz im Geiste und in der Sprache von *Euphues verfasst* :

Ihr Haar hatte eine hellgoldene Farbe und war vorne dicht gesäumt, was in vielen Fällen die Furchen eines lasterhaften Lebens verbarg; Dahinter befanden sich hochgezogene Windungen, von denen sich einige in der Farbe unterschieden, was darauf hindeutete, dass sie für den Preis eines weiteren Farbstoffvorrats auf Patrouille waren ... Die Eleganz ihrer Kleidung hatte den Glanz von Raub – das Rascheln der Stille vieler Damen Fluch. Diesen Werkzeugen dreister Unverschämtheit war das Erröten der Unschuld, das so manche Wange färbte, fremd, wenn sie sich um einige der von Gott Geweihten versammelten und mit blumigen Worten beteten, die Cockney verführten, dass sie ihre heiligen Gelübde brechen sollten, indem sie sie in die Hallen von begleiteten Ehebruch. Sie ließen sich nicht von der entschiedenen Weigerung verschiedener Geistlicher einschüchtern, deren bescheidener Gang durch ihre kühne Geltendmachung abscheulicher Rechte unterbrochen wurde, und zogen weiter, während Gelächter verborgener Wut und Niederlage über ihre mit Puppen geschmückten Gesichter huschte, um zu sterben, als sie das nächste Mal einen Bauern ansprachen - aussehende Kritiker, die, verlockt durch ihren geschliffenen Ton, ihre ernsten Annäherungsversuche, ihre erbärmlichen Bitten, in ihrer Unkenntnis der Sitten einer Großstadt ihren glänzenden Angeboten nachgaben und mit leichtem Zögern diese künstlichen Hüllen der Unmoral begleiteten in ihre Häuser des Verfalls, der Erniedrigung und der Schande.

XX
DER AUTOR VON *EMINENT VICTORIANS*

Als äußerst zivilisierter Indianer, der abseits der vulgären Welt in einem eleganten, parkähnlichen Reservat lebt, blickt Mr. Strachey selten über seine Mauern auf das umliegende Land. Er weiß, es brodelt hier vor Scharen schrecklich kolonialistischer Menschen. Wie die Heerscharen von Midian schleichen die unzähligen „armen Weißen" umher, aber der edle Wilde schenkt ihnen keine Beachtung.

In seinem spirituellen Zuhause – einem gepflegten und geräumigen georgianischen Herrenhaus im Stil von Leoni oder Ware – sitzt er und liest, er blättert in Portfolios seltsamer alter Drucke um, er genießt meditativ die literarischen Jahrgänge der Jahrhunderte. Und gelegentlich, alle zwei oder drei Jahre, wirft er über seine Parkzäune eine Aufzeichnung dieser gemächlichen Verkostungen, ein Urteil über seine Bibliothek, ein reifes, seltenes Buch. Einmal handelt es sich um Eminent Victorians; Das nächste Mal ist es Königin Victoria selbst. Heute hat er uns eine vielfältige Sammlung von *Büchern und Charakteren geschenkt* .

Hätte Voltaire das Alter von zweihundertdreißig erreicht, anstatt mit dürftigen vierundachtzig davonzukommen, hätte er über die viktorianische Epoche geschrieben, über das Leben und die Briefe im Allgemeinen, ganz ähnlich wie Mr. Strachey geschrieben hat. Dieser klare gesunde Menschenverstand, dieser scharfe, aufschlussreiche Witz, der uns an den Schriften der Mitte des 18. Jahrhunderts erfreut – das sind die Merkmale von Herrn Strachey. Wir wissen genau, was er gewesen wäre, wenn er zu Beginn des 17. Jahrhunderts auf die Welt gekommen wäre; Wenn er sich von den Männern dieser Zeit unterscheidet, dann deshalb, weil er zufällig gegen Ende des 18. Jahrhunderts geboren wurde.

Die Summe des Wissens, über das die alten Enzyklopädisten verfügten, war außerordentlich gering, verglichen mit dem Wissen, das wir im 20. Jahrhundert geerbt haben. Sie machten Fehler und fällten in ihrer Unwissenheit, wie wir sehen können, voreilige und sehr unvollkommene Urteile über Menschen und Dinge. Mr. Strachey ist ein Erwachsener aus dem 18. Jahrhundert; er ist Voltaire mit zweihundertdreißig.

Der sechzigjährige Voltaire hätte das viktorianische Zeitalter, wenn es in einer prophetischen Vision vor seinen Augen hätte erscheinen können, im Sinne von „La Pucelle" behandelt – mit Spott. Er hätte in Bezug auf Wissen und ererbte Erfahrung viel älter sein müssen, bevor er mit dem Geist der mitfühlenden Ironie und des ironischen Mitgefühls, den Mr. Strachey dabei zum Ausdruck bringt, an die Sache herangegangen wäre. Mr. Strachey macht uns wie die alte Königin, während wir sie anlächeln; er lässt uns den

Prinzgemahl bewundern, trotz der unheilvollen Selbstgefälligkeit – die in der Biografie gebührend hervorgehoben wird –, die seine Intelligenz begleitete. Bei aller ungeübten Barbarei ihrer Vorstellungen werden uns Gordon und Florence Nightingale als sympathische Figuren präsentiert. Ihre besondere Art von Religion und Ethik mag absurd sein, aber ihre Charaktere erweisen sich als interessant und gut.

Nur im Fall von Dr. Arnold erlaubt sich Herr Strachey, uneingeschränkt voltaireisch zu sein; Er wird hundertsiebzig Jahre jünger, wenn er den Begründer des modernen öffentlichen Schulsystems beschreibt. Die Ironie dieser Beschreibung wird durch kein Mitgefühl gemildert. Um den Mann noch lächerlicher erscheinen zu lassen, fügt Herr Strachey dem Porträt seiner eigenen Erfindungen ein oder zwei Striche hinzu – kleine Erfindungen, die die Absurdität der Karikatur noch verstärken. So lesen wir, dass Arnolds „äußere Erscheinung der Index seines inneren Charakters war". Die Beine waren vielleicht kürzer, als sie hätten sein sollen; aber der kräftige, athletische Körperbau, besonders wenn er (wie üblich) in die wallenden Gewänder eines Doktors der Theologie gehüllt war, war voller imposanter Kraft." Wie herrlich richtig diese kurzen Beine sind! wie künstlerisch unvermeidlich! Unsere Bewunderung für Mr. Stracheys Kunst wird nur noch größer, als wir entdecken, dass es kein zeitgenössisches Dokument gibt, das es rechtfertigt, dem Doktor diese Kürze zuzuschreiben. Die kurzen Beine sind sein eigener Beitrag.

Voltaire hat also mit zweihundertdreißig Jahren Mitgefühl gelernt. Er hat gelernt, dass es andere Möglichkeiten gibt, sich das Leben vorzustellen als die mit gesundem Menschenverstand und Vernunft, und dass Menschen mit einer verrückten Sicht auf das Universum ein Recht darauf haben, als Menschen beurteilt zu werden und nicht pauschal als Verrückte verurteilt werden dürfen oder Obskurantisten. Blake und St. Francis haben das gleiche Recht auf ihren Platz an der Sonne wie Gibbon und Hume. Aber trotz dieser Lektion, die wir aus dem 19. Jahrhundert gelernt und geerbt haben, zeigt unser Voltaire von elf und zehn Jahren immer noch eine deutliche Vorliebe für die Gibbons und die Humes; Er versteht ihre Einstellung zum Leben immer noch viel besser als die Einstellung des anderen.

In seinem neuen Band „*Books and Characters*" veröffentlicht Herr Strachey einen Essay über Blake (der, wie in Klammern hinzugefügt werden darf, vor etwa sechzehn Jahren geschrieben wurde), in dem er sich sehr gewissenhaft daran macht, diesem beunruhigenden Dichter das zu geben, was ihm gebührt. Der Aufsatz ist interessant, nicht weil er etwas besonders Neues an Kritik enthält, sondern weil er trotz aller Bemühungen von Mr. Strachey, diese Kritik zu überwinden, trotz seiner Bewunderung für den großen Künstler in Blake, seine tiefe Feindseligkeit offenbart hin zu Blakes Lebensauffassung.

Er kann Mystik nicht ertragen; Es fällt ihm offensichtlich sehr schwer zu verstehen, was dieser ganze Wirbel um die Seele wirklich bedeutet. Der Mann, der an die Absolutheit von Gut und Böse glaubt, der das Universum als eine spirituelle Einheit betrachtet, die sich auf transzendentale Weise mit Moral befasst, der Mann, der den menschlichen Geist als etwas ansieht, das eine irgendwie kosmische Bedeutung und Bedeutung besitzt – ach nein, entschieden Nein, selbst mit zweihundertdreißig Jahren kann Voltaire nicht mit ganzem Herzen mit einem solchen Mann sympathisieren.

Und das ist zweifellos der Grund, warum Herr Strachey in seinen Biografien und Kritiken im Allgemeinen davor zurückschreckt, sich mit diesen seltsamen, unverständlichen Charakteren auseinanderzusetzen. Blake ist der Einzige, an dem er sich versucht hat, und das Ergebnis ist nicht ganz zufriedenstellend. Er ist eher bei den Gibbons und Humes dieser Welt zu Hause, und wenn er nicht gerade über die vernünftigen Wesen spricht, vergnügt er sich gerne mit den Exzentrikern wie Mr. Creevey oder Lady Hester Stanhope. Den unheilvollen, beeindruckenden Mystiker lässt er völlig in Ruhe.

Man kann sich nicht vorstellen, dass Herr Strachey mit Dostojewski oder einem der anderen großen Seelenforscher zurechtkommt. Man kann sich nicht vorstellen, dass er ein Leben über Beethoven schreiben würde. Diese riesigen Wesen sind beunruhigend für einen Voltaire, der genug Mitgefühl gelernt hat, um ihre Größe zu erkennen, dessen Temperament aber dennoch unveränderlich fremd bleibt. Mr. Strachey tut gut daran, nichts mit ihnen zu tun zu haben.

Die zweitklassigen Mystiker (ich verwende den Begriff im weitesten und vagesten Sinne), die Männer, die an die Spiritualität des Universums und an die seltsamen Dogmen glauben, die sich in diesem Glauben verstrickt haben, ohne das Genie zu besitzen, das allein dies rechtfertigen kann Vorstellungen in den Augen der Voltaireaner – das sind die Objekte, auf die Mr. Strachey seinen ruhigen und durchdringenden Blick gerne richtet. Gordon und Florence Nightingale, der Prinzgemahl, Clough – sie und ihre Überzeugungen wirken ziemlich absurd, als er mit ihnen fertig ist. Er reduziert ihre spirituellen Kämpfe auf eine Reihe der komischsten, vergeblichen Gymnastikübungen im Nichts. Die genialen Männer, die die gleichen spirituellen Kämpfe durchgemacht haben, die die gleichen Glaubensbekenntnisse vertreten haben, hatten die unbestreitbare Rechtfertigung ihres Genies. Diese armen absurden Kreaturen haben es nicht getan. Voltaire schenkt ihnen in seinem dritten Jahrhundert ein gewisses Maß seiner neu erlernten Sympathie; aber er verleiht ihnen auch eine ziemlich starke Portion seiner alten Ironie.

XXI
EDWARD THOMAS [1]

Die Poesie von Edward Thomas berührt einen sowohl moralisch als auch ästhetisch und intellektuell. Wir sind in der heutigen Zeit des reinen Ästhetizismus ziemlich zurückhaltend geworden, über jene tröstenden oder stärkenden Qualitäten der Poesie zu sprechen, über die Kritiker einer anderen Generation gerne verweilten. Die Poesie von Thomas ist stärkend und tröstend, nicht weil sie Gottes Wege gegenüber den Menschen rechtfertigt oder von Wiedervereinigungen über das Grab hinaus flüstert, nicht weil sie große moralische Wahrheiten in einprägsamer Zahl präsentiert, sondern auf subtilere und sehr viel effektivere Weise. Wenn man in diesen Septembernächten durch die Straßen geht, bemerkt man überall dort, wo Bäume entlang der Straße stehen und Lampen dicht neben den Bäumen stehen, ein merkwürdiges und schönes Phänomen. Das Licht der Straßenlaternen, das in die Bäume strahlt, hat die Macht, das schmutzige, schäbige und zerfetzte Laub des Herbstes strahlend und durchsichtig grün erscheinen zu lassen. Im magischen Kreis des Lichts scheint sich der Baum in diesem krönenden Moment des Frühlings zu befinden, wenn die Blätter ausgewachsen sind, aber immer noch vor Jugend strahlen und in ihrer Leichtigkeit fast immateriell erscheinen. Die Poesie von Thomas ist für den Geist das, was das verklärende Lampenlicht für die müden Bäume ist. Auf Menschen, die inmitten des unerträglichen Aufruhrs und der Trockenheit des täglichen Lohnverdienens müde geworden sind, überkommt es einen Hauch vorübergehender Verjüngung.

Das Geheimnis des Einflusses von Thomas liegt in der Tatsache, dass er wirklich das ist, was so viele andere unserer Zeit zu Unrecht behaupten: ein Naturdichter. Um ein Naturdichter zu sein, reicht es nicht aus, vage zu behaupten, dass Gott das Land und der Mensch die Stadt geschaffen hat, es reicht nicht aus, mitfühlend über vertraute ländliche Objekte zu sprechen, es reicht nicht aus, klangvolle Poesie über Berge und Bäume zu schreiben; Es reicht nicht einmal aus, über diese Dinge mit der Präzision echten Wissens und echter Liebe zu sprechen. Um ein Naturdichter zu sein, muss ein Mann die besonderen Emotionen, die die Natur hervorrufen kann, tief und innig empfunden haben und in der Lage sein, sie so auszudrücken, dass sein Leser sie spürt. Die wirkliche Schwierigkeit, mit der der angehende Naturdichter konfrontiert ist, besteht darin, dass diese Emotionen von allen Emotionen am schwierigsten zu fassen und zu analysieren und am schwierigsten zu vermitteln sind. In „Oktober" beschreibt Thomas sicherlich das charakteristische Gefühl, das durch den Kontakt mit der Natur hervorgerufen wird – eine Art jubelnde Melancholie, die dem stillen, leidenschaftslosen Glück am nächsten kommt, das die Seele erfahren kann.

Glück, welcher Art auch immer, ist außerordentlich schwer zu analysieren und zu beschreiben. Man kann sich hundert Gedichte, Theaterstücke und Romane vorstellen, die sich ausführlich mit Schmerz und Elend befassen, bis hin zu einem, das eine Analyse und eine ansteckende Beschreibung des Glücks darstellt. Leidenschaftliche Freude lässt sich in der Kunst leichter wiedererlangen; es ist dramatisch, vehement definiert. Aber stilles Glück, das gleichzeitig eine Art Melancholie ist – da haben Sie ein Gefühl, das nur von einem Geist ausgedrückt werden kann, der mit einer Vielfalt selten kombinierter Eigenschaften ausgestattet ist. Der Dichter, der dieses Glück besingen möchte, muss eine seltene Durchdringung mit einer seltenen Offenheit und Ehrlichkeit des Geistes verbinden. Ein Mann, der ein Gefühl verspürt, das sehr schwer auszudrücken ist, ist oft versucht, es mit etwas völlig anderem zu beschreiben. Platonische Dichter verspüren ein starkes Gefühl, wenn sie mit Schönheit konfrontiert werden, und da es für sie äußerst schwierig ist, genau zu sagen, was dieses Gefühl an sich ist, beschreiben sie es mit Begriffen der Theologie, die mit der Sache, um die es geht, überhaupt nichts zu tun haben . Auf der Suche nach einem Ausdruck der Emotionen, die die Betrachtung der Natur in ihm hervorruft, stolpert Wordsworth manchmal zweifelnd über philosophische Nebenwege, die bestenfalls parallel zu dem direkten Weg verlaufen, den er sucht. Überall in der Literatur wird die Schwierigkeit, einen Ausdruck für ein undramatisches, schlecht definiertes Gefühl zu finden, immer wieder deutlich.

Die klare Ehrlichkeit von Thomas bewahrt ihn vor der Versuchung, der so viele andere erliegen, der Versuchung, eine Sache auszudrücken, weil sie nur schwer mit etwas anderem beschrieben werden kann. Er philosophiert nie über die Emotionen, die er in der Gegenwart von Natur und Schönheit empfindet, sondern stellt sie so dar, wie sie sind, und übermittelt sie direkt an seine Leser, ohne dass ein verdeckendes Medium dazwischengeschaltet wird. Anstatt zu versuchen, die Emotion zu erklären, sie in etwas zu rationalisieren, was sie nicht ist, wird er sie als das darstellen, was sie ist, ein Problem, dessen Lösung er nicht kennt. In „Tears" haben wir ein Beispiel für dieses offene Eingeständnis der Unwissenheit:

Es scheint, ich habe keine Tränen mehr. Sie hätten fallen sollen –

Ihre Geister, wenn Tränen Geister haben, sind gefallen – an diesem Tag

Als zwanzig Hunde an mir vorbeiströmten, noch nicht gekämmt

Aber dennoch sind in ihrem Zeitalter der Freude alle gleich

Durch den Duft entstand eins, wie ein großer Drache

Auf der blühenden Wiese, die sich der Sonne zuneigt

Und einmal langweiliger Hopfen: und an diesem anderen Tag

Als ich aus dem doppelt beschatteten Turm trat

In einen Aprilmorgen, bewegend und süß

Und warm. Es herrschte seltsame Einsamkeit und Stille.

Ein mächtigerer Zauber als jeder andere im Turm

Den Hof besessen. Sie wechselten die Wache,

Soldaten in der Schlange, junge englische Landsleute,

Blond und rötlich, in weißen Tuniken. Schlagzeug

Und Pfeifen spielten „The British Grenadiers".

Die Männer, die Musik, die diese Einsamkeit durchdringt

Und die Stille erzählte mir Wahrheiten, die ich nicht geträumt hatte,

Und haben es vergessen, seit ihre Schönheit vergangen ist.

Die Emotion ist namenlos und unbeschreiblich, aber der Dichter hat sie intensiv gespürt und an uns, die wir sein Gedicht lesen, weitergegeben, so dass auch wir sie mit der gleichen Intensität spüren. Verschiedene Aspekte dieses namenlosen, von Melancholie durchsetzten Gefühls des stillen Glücks sind das Thema fast aller Gedichte von Thomas. Sie bringen uns genau den Trost und die Kraft, die das Land, die Einsamkeit und die Muße in den Geist derer bringen, die lange in bevölkerungsreichen Städten verbracht haben, aber in Form von Kunst verallgemeinert und destilliert. Sie sind das Licht, das die zerfetzten Blätter wieder jung macht.

Über die rein ästhetischen Qualitäten der Thomas'schen Poesie braucht man nicht viel zu sagen. Er erfand einen merkwürdig einfachen und offenen Vers, um mit aller möglichen Einfachheit und Klarheit seine klaren Empfindungen und Emotionen auszudrücken ... „Das ist nicht", wie Herr de la Mare in seinem Vorwort zu Thomas' Gesammelten Gedichten sagt, „das ist nicht. " eine Poesie, die betäubend oder berauschend wirkt ... Sie muss langsam gelesen werden, so natürlich, als wäre sie Prosa, ohne Nachdruck." Mit diesem einfachen Vers, frei von jeglichem Affekt, weder von Klugheit noch von allzu großer Einfachheit, konnte Thomas alles tun, was er wollte. Sehen Sie zum Beispiel, mit welch außergewöhnlicher Helligkeit und Präzision er ein Bild malen konnte:

Flechten, Efeu und Moos

Halten Sie die Bäume immergrün

Dieser Stand ist halb gehäutet und im Sterben,

Und die toten Bäume auf den Knien

Im Quecksilber und Moos des Hundes:

Und das helle Zwinkern des Stieglitzes fällt

Dort unten, während er auf Distelwipfeln herumhuscht.

Die gleiche bloße Präzision kam ihm bei der Beschreibung des Wechselspiels der Emotionen zugute, wie in „After you Speak" oder „Like the Touch of Rain". Und mit diesem Vers von ihm konnte er auch die Loblieder auf sein englisches Land und den Charakter seiner Menschen singen, wie sie in Loblie-by-the-fire zum Ausdruck kommen:

Er ist schon seit Ewigkeiten in England,

Den wilden Kirschbaum den fröhlichen Baum nennen,

Die Rosennelke Bridget in ihrer Tapferkeit;

Und in zärtlicher Stimmung war er, wie ich vermute,

Ich habe eine Blume getauft. Liebe im Nichtstun....

XXII
EINE WORTWERTIGE ANTHOLOGIE [2]

Wordsworth kritisch und unpersönlich zu betrachten, ist für einige von uns eine ziemlich schwierige Angelegenheit. Mit dem Zerfall der soliden Orthodoxien wurde Wordsworth für viele intelligente, liberal gesinnte Familien zur Bibel dieser Art von Pantheismus, jenem trüben Glaubens an die Existenz einer spirituellen Welt, der, etwas unzureichend, den Platz der älteren Dogmen einnahm. Als Kinder in der Wordsworth-Tradition erzogen, wurde uns beigebracht zu glauben, dass ein Sonntagsspaziergang zwischen den Hügeln irgendwie mit einem Kirchenbesuch gleichzusetzen sei: Die erste Lektion sollte in den Wolken gelesen werden, die zweite in den Primeln; Die Vögel und die fließenden Gewässer sangen Hymnen, und die ganze blaue Landschaft predigte eine Predigt „vom moralischen Bösen und vom Guten". Aus dieser düsteren religiösen Erziehung haben wir eine nicht sehr wohlinformierte Verehrung für den Namen Wordsworth mitgebracht, eine pflichtbewusste Überzeugung von der Spiritualität der Natur im Allgemeinen und einen außergewöhnlichen Aberglauben über Berge im Besonderen – einen Aberglauben, der mindestens drei Jahreszeiten dauerte des Alpinsports völlig verschwinden. Als wir also den Stand des Menschen erreichten und tatsächlich dazu kamen, unseren Wordsworth zu lesen, fiel es uns äußerst schwer, seine Größe einzuschätzen, so viele Schleier vorgefasster Ideen mussten beiseite geschoben werden, so viele eingefleischte Ablenkungen des Blicks mussten berücksichtigt werden. Allerdings wurde es endlich möglich, Wordsworth als ein losgelöstes Phänomen in der Welt der Ideen und nicht als Teil der Familientradition der Kindheit zu betrachten.

Wie viele Philosophen und insbesondere Philosophen mit mystischem Gedankengang basierte Wordsworth seine Philosophie auf seinen Emotionen. Die Umwandlung von Emotionen in intellektuelle Begriffe ist ein Prozess, der sich in der Geschichte des menschlichen Geistes tausendmal wiederholt hat. Wir verspüren eine starke Emotion vor einem Kunstwerk, deshalb hat es Anteil am Göttlichen, ist eine Rekonstruktion der Idee, von der das natürliche Objekt nur ein schwaches Abbild ist. Liebe bewegt uns zutiefst, daher ist die menschliche Liebe eine Art göttliche Liebe. Die Natur in ihren verschiedenen Aspekten inspiriert uns mit Angst, Freude, Zufriedenheit und Verzweiflung, daher ist die Natur eine Seele, die Wut, Mitgefühl, Liebe und Hass ausdrückt. Man könnte unendlich viele Beispiele für die Art und Weise anführen, wie der Mensch die Königreiche des Himmels und der Hölle, die in ihm sind, objektiviert. Der Prozess ist oft gefährlich. Der Mystiker, der in sich die Regungen unerklärlicher Emotionen spürt, ist mit diesen Emotionen, wie sie in sich selbst sind, nicht zufrieden. Er hält es für notwendig, eine ganze Kosmogonie zu erfinden, die sie erklärt.

Für ihn wird diese Philosophie insofern wahr sein, als sie ein intellektueller Ausdruck dieser Emotionen ist. Aber für diejenigen, die diese Emotionen nicht aus erster Hand kennen, wird es einfach irreführend sein. Die mystischen Emotionen haben etwas, was man einen Verhaltenswert nennen könnte; Sie ermöglichen es dem Mann, der sie spürt, sein Leben mit einer Gelassenheit und Zuversicht zu leben, die andere Männer nicht kennen. Aber die philosophischen Begriffe, in denen diese Emotionen ausgedrückt werden, haben nicht unbedingt einen Wahrheitswert. Diese mystische Philosophie wird nur insofern wertvoll sein, als sie in den Köpfen ihrer Schüler jene verhaltensbeeinflussenden Emotionen wiederbelebt, die sie ursprünglich hervorgebracht haben. Wenn man eine solche Philosophie als intellektuellen Aspekt akzeptiert, ist sie möglicherweise nicht nur wertlos; es kann tatsächlich schädlich sein.

In diesem wunderschön gedruckten Band hat Herr Cobden-Sanderson die meisten Passagen in Wordsworths Gedichten zusammengestellt, die die Kraft besitzen, die Emotionen, die sie inspiriert haben, wiederzubeleben. Es ist erstaunlich, dass sie den größten Teil von zweihundertfünfzig Seiten ausfüllen und dass es immer noch viele Gedichte gibt – zum Beispiel „Peter Bell" –, die man gerne darin enthalten sehen würde. „The Prelude" und „Excursion" bieten eine reiche Hommage an das, was unsere Vorfahren „Schönheiten" genannt hätten. Es gibt diese erstaunliche Passage, in der der Dichter beschreibt, wie er als Junge im Mondlicht über den See ruderte:

Und als ich beim Schlag aufstand, mein Boot

Ging wie ein Schwan durch das Wasser;

Wann, von hinter diesem schroffen Steil bis dahin

Der Horizont ist begrenzt, ein riesiger Gipfel, schwarz und riesig,

Wie mit freiwilligem Machtinstinkt,

Er hob den Kopf. Ich schlug und schlug noch einmal,

Und die grimmige Gestalt wird immer größer

Aufgetürmt zwischen mir und den Sternen und immer noch,

Denn so schien es, mit einem ganz eigenen Zweck

Und gemessene Bewegung, wie ein Lebewesen,

Trat hinter mir her.

Es gibt die Geschichte dieses anderen schrecklichen Moments, als

Ich hörte zwischen den einsamen Hügeln

Leise Atemzüge folgen mir und Geräusche

Von ununterscheidbarer Bewegung, Schritten

Fast so still wie der Rasen, den sie betraten.

Und es gibt andere Passagen, die von der Natur in weniger schrecklichen und bedrohlichen Aspekten erzählen, wobei die Natur Trost und starke Gelassenheit spendet. Wenn wir diese lesen, sind wir in gewissem Maße in der Lage, die Emotionen, die Wordsworth hatte, selbst zu leben. Wenn wir seine „schattenhaften Erhöhungen" spüren können, haben wir alles, was Wordsworth uns geben kann. Es besteht keine Notwendigkeit, die Theologie seiner Mystik, die pantheistische Erklärung seiner Gefühle, zu lesen. Für Peter Bell war eine Primel am Rande eines Flusses nur eine gelbe Primel. Seine Schönheit löste in ihm kein Gefühl aus. Aber der Anblick der Primel kann einen bewegen, ohne unbedingt an „die unendliche Zärtlichkeit des unendlich Großen, des unendlich Großen, das aus dem Unendlichen und inmitten seines Eigenen herausgeht", um mit den Worten von Herrn Cobden-Sandersons Vorwort zu sprechen, zu denken gewaltige Aufgaben, beugt sich, um den Weg des Menschen, des unendlich Kleinen, mit Sonnenschein und Blumen zu bestreuen." Das ist die Theologie unserer Primel-Emotion. Aber es ist die Emotion selbst, die wichtig ist, nicht die Theologie. Die Emotion hat ihren eigenen starken Verhaltenswert, während die daraus abgeleitete Philosophie, die verdächtig anthropozentrisch ist, unserer Meinung nach nur den geringsten Wert als Wahrheit besitzt.

XXIII
VERHAEREN

Verhaeren war einer jener Männer, die ihr ganzes Leben lang „l'envie" (um seine eigene bewundernswert ausdrucksstarke Formulierung zu verwenden) verspüren, „l'envie de tailer en drapeaux l'étoffe de la vie". Der Stoff des Lebens kann schlechter genutzt werden. Es in Fahnen zu schneiden ist im Großen und Ganzen bewundernswerter, als es, sagen wir mal, in Cere-Tücher, Geldsäcke oder Pariser Unterwäsche zu schneiden. Eine Flagge ist ein mutiger, fröhlicher und edler Gegenstand. Das sind Eigenschaften, für die wir der Flagge ihre Überbetonung, ihren Mangel an Subtilität und ihren Hauch von Kindlichkeit verzeihen. Man kann sich eine Reihe von Schriftstellern vorstellen, die wie eine Armee mit Bannern durch die Literaturgeschichte marschierten. Da war zum Beispiel Victor Hugo – einer von Verhaerens bewunderten Meistern. Da war Balzac, dessen Lebensauffassung Verhaeren in manchen Punkten seltsam ähnelte. Zu den kleineren Herstellern von Oriflammes gehört unser eigener Mr. Chesterton mit seiner heroischen Miene, immer im Begriff zu sein, zu einem Kreuzzug aufzubrechen, prachtvoll mit Wimpeln geschmückt und auf einem Schaukelpferd reitend.

Der Fahnenmacher ist ein Mann voller Energie und starker Vitalität. Er stellt sich gerne vor, dass alles, was ihn umgibt, so groß, so voller Saft und so kraftvoll ist, wie er sich selbst fühlt. Er stellt sich die Welt als einen Ort vor, an dem die Farben kräftig und hell kontrastiert sind, wo ein kräftiges Hell-Dunkel keinen Zweifel an der wahren Natur von Licht und Dunkelheit lässt und wo alles Leben pulsiert, zitternd und gespannt ist, wie ein Banner im Wind. Von Anfang an finden wir in Verhaeren alle Merkmale des Bannerschneiders. In seinem frühesten Versbuch, *Les Flamands* , sehen wir, wie er sich bereits an Zeilen wie … erfreut

Leurs deux poings monstrueux pataugeaient dans la paste.

Wir stellen bereits fest, dass er, wie schon Victor Hugo vor ihm, ausgiebig Gebrauch von Wörtern wie „vaste", „énorme", „infini", „infiniment", „infinité", „univers" machte – oder war es Missbrauch? So spricht er in „L'Ame de la Ville" von einem „énorme" -Viadukt, einem „immensen" Zug, einer „monstrueux" -Sonne, sogar von der „énorme" -Atmosphäre. Für Verhaeren führen alle Wege ins Unendliche, wo und was auch immer das sein mag.

Les grand'routes Tracent des Croix

Bis ins Unendliche, durch das Waldgebiet;

Les grand'routes Tracent des croix lointaines

Bis ins Unendliche, durch die Ebene.

Unendlichkeit ist einer dieser Begriffe, mit denen man nicht leichtfertig spielen sollte. Den Flaggenmachern gefällt es, weil es so wirkungsvoll mit der mikroskopischen Endlichkeit des Menschen kontrastiert werden kann. Schriftsteller wie Hugo und Verhaeren sprechen so oft und so leichtfertig von der Unendlichkeit, dass die Idee in ihren Gedichten überhaupt keine Bedeutung mehr hat.

Ich habe gesagt, dass Verhaeren in seiner Lebensauffassung in gewisser Hinsicht Balzac nicht unähnlich ist. Diese Ähnlichkeit ist in einigen Gedichten seiner mittleren Schaffensperiode am deutlichsten, insbesondere in denen, in denen er sich mit Aspekten des zeitgenössischen Lebens befasst. *Les Villes tentaculaires* enthält Gedichte, die in ihrer Konzeption völlig balzacisch sind. Nehmen Sie zum Beispiel Verhaerens Rhapsodie über die Börse:

Une fureur réenflammée

Au t mirage du minder espoir

Monte Soudain de l'entonnoir

De bruit et de fumée,

Où l'on se bat, à coups de vols, en bas.

Langues sèches, grüße aigus, gestes inverses,

Et cervelles, qu'en tourbillons les millions traversent,

Echangent là leur peur et leur terreur ...

Vor ein paar Monaten kam es zu einem Desaster

La mort les paraphe de suicides,

Mais au jour me aux heures blêmes,

Les volontés dans la fièvre revival,

L'acharnement sournois

Reprend comme autrefois.

Man kann diese Zeilen nicht lesen, ohne an Balzacs fieberhafte Geldverdiener zu denken, an den Baron de Nucingen, Du Tillet, die Kellers und all die kleineren Geizhalse und Wucherer und all ihre Opfer. Mit ihrer aufgeregten und eher melodramatischen Spannung atmen sie den Geist von Balzacs erstaunlicher Film-Szenario-Version des Lebens ein.

Verhaerens Instinkt für die Herstellung von Fahnen führte dazu, dass er besondere Freude an allem hatte, was überdurchschnittlich groß und anstrengend ist. Er rühmt und verherrlicht die grobe Gewalttätigkeit der flämischen Bauernschaft, ihre nahezu unbegrenzte Fähigkeit, Essen und Trinken zu sich zu nehmen, ihren Fleiß, ihren Animalismus. Ganz im Stil Roosevelts bewunderte er die Energie um ihrer selbst willen. Alle seine tobenden Rhythmen waren ihm von dem Bedürfnis diktiert, dieser Leidenschaft für das Anstrengende Ausdruck zu verleihen. Seine seltsamen Assonanzen und Alliterationen –

Luttent et s'entrebuttent en disputes—

entstehen aus demselben Wunsch, das Gefühl der Gewalt und des unmittelbaren Lebens wiederzuerlangen.

Es ist interessant, die Gewalt und Energie von Verhaeren mit der Gewalt eines früheren Dichters zu vergleichen – Rimbaud, dem wunderbaren Jungen, falls es jemals einen gab. Rimbaud schnitt den Stoff des Lebens in Fahnen, aber in Fahnen, die auf dieser Erde nie wehten. Seine Gewalt ging in gewisser Weise über die Grenzen des gewöhnlichen Lebens hinaus. In einigen seiner Gedichte scheint Rimbaud tatsächlich das namenlose Ziel erreicht zu haben, nach dem er strebte, nämlich zu jener Welt von unerhörter spiritueller Kraft und Schönheit gelangt zu sein, deren Natur er nur in einer ausrufenden Metapher beschreiben kann:

Millionen d'oiseaux d'or, ô zukünftiger Vigueur!

Aber die Kraft von Verhaeren ist nie so schön und spirituell wie diese „Million goldener Vögel". Es ist lediglich die Kraft und Gewalt des gewöhnlichen Lebens, beschleunigt auf Kinointensität.

Es ist eine bemerkenswerte Tatsache, dass Verhaeren im Allgemeinen dann am besten war, wenn er sich vom Fahnenmachen und Schwenken von Fahnen frei nahm. Seine flämischen Bukoliken und die Liebesgedichte von *Les Heures* , die größtenteils in traditioneller Form verfasst und größtenteils kürzer und konzentrierter als seine Gedichte von Gewalt und Energie sind, bleiben der bewegendste Teil seines Schaffens. Sehr interessant sind auch die Gedichte aus jener frühen Phase des Zweifels und der Depression, in der *Les Débâcles* und *Les Flambeaux Noirs* veröffentlicht wurden . Die Energie und das Leben der späteren Bücher sind vorhanden, aber in gewisser Weise konzentriert, konserviert und intensiviert, weil sie nach innen gerichtet sind. Man hat den Eindruck, dass viele der späteren Gedichte viel zu einfach

geschrieben wurden. Diese müssen sehr schmerzhaft und mühsam zur
Geburt gebracht worden sein.

XXIV
EDWARD LEAR

Es gibt nur wenige Schriftsteller, deren Werke ich mehr als einmal lesen möchte, und einer von ihnen ist sicherlich Edward Lear. Unsinn ist wie die Poesie, mit der er eng verbunden ist, wie die philosophische Spekulation, wie jedes Produkt der Fantasie, eine Behauptung der geistigen Freiheit des Menschen trotz aller Unterdrückung durch die Umstände. Solange es dem menschlichen Verstand möglich bleibt, den Quangle Wangle und den Fimble Fowl zu erfinden und nach Belieben über die Great Gromboolian Plain und die Hügel des Cnankly Bore zu wandern, liegt der Sieg bei uns. Die Existenz von Unsinn ist der beste Beweis für den unbeweisbaren Glaubensartikel, dessen Wahrheit wir alle annehmen oder kläglich zugrunde gehen müssen: dass das Leben lebenswert ist. Wenn sich die Umstände mit syllogistischer Eindringlichkeit beweisen, dass das Leben nicht lebenswert ist, wende ich mich an Lear und finde Trost und Erfrischung. Ich lese ihn und erkenne, dass es gut ist, am Leben zu sein; denn ich habe bei Lear die Freiheit, so inkonsequent zu sein, wie ich möchte.

Lear ist ein echter Dichter. Denn was ist sein Unsinn außer der etwas aus dem Ruder gelaufenen poetischen Einbildungskraft? Lear hatte das Gespür eines echten Dichters für Worte – Worte an sich, kostbar und melodisch, wie Phrasen der Musik; persönlich wie Menschen. Marlowe spricht davon, den göttlichen Zenokrat zu bewirten; Milton der Blätter, die in Vallombrosa fallen; Lear vom Fimble Fowl mit einem Korkenzieherbein, von Runcible-Löffeln, von meloobischen und vornehmen Dingen. Lewis Carroll schrieb Unsinn, indem er den Sinn übertrieb – eine zu logische Logik. Seine Wortprägungen sind intellektuell. Lear, eher ein Dichter, schrieb Unsinn, der ein Übermaß an Vorstellungskraft darstellt, und prägte Wörter allein wegen ihrer Farbe und ihres Klangs. Er ist der reinere Unsinn, weil poetischer. Wenn Sie die Tonart auch nur ein wenig ändern, wäre „Dong mit leuchtender Nase" eines der denkwürdigsten romantischen Gedichte des 19. Jahrhunderts. Denken Sie auch an dieses exquisite „Yonghy Bonghy Bo"! In einem von Tennysons späteren Bänden gibt es eine bezaubernde kleine Lyrik über Catullus, die beginnt:

Ruht uns aus Desenzano hinaus,

Zu deiner Sirmione-Reihe!

Also ruderten sie und da landeten wir –

O Venusta Sirmio!

Kann man einen Moment daran zweifeln, dass er, als er diese Worte schrieb, an die großartige Strophe dachte, mit der das „Yonghy Bonghy" beginnt:

An der Küste von Coromandel,

Wo die frühen Kürbisse wehen,

Mitten im Wald,

Wohnte der Yonghy Bonghy Bo.

Persönlich bevorzuge ich Lears Gedicht; es ist das reichere und vollere von beiden.

Lears Genie kommt in den Nonsense Rhymes oder Limericks, wie eine spätere Generation sie zu nennen gelernt hat, am besten zur Geltung. In diesen betrachte ich ihn gerne nicht nur als Dichter und Zeichner – und wie einzigartig ein Künstler die jüngsten Bemühungen von Herrn Nash, mit ihm zu konkurrieren, nur bestätigt haben –, sondern auch als tiefgreifenden Sozialphilosophen. Keine Lear-Studie wäre vollständig ohne zumindest ein paar Bemerkungen zu „They" der Nonsense Rhymes. „Sie" sind die Welt, der Mann auf der Straße; „Sie" sind das, was die führenden Autoren der Zweigroschenpresse alle „richtig denkenden Männer und Frauen" nennen würden; „Sie" sind die öffentliche Meinung. Die Nonsense-Reime sind größtenteils nicht mehr und nicht weniger als Episoden, die aus der Geschichte dieses ewigen Kampfes zwischen dem Genie oder Exzentriker und seinen Mitmenschen ausgewählt wurden. Die öffentliche Meinung verabscheut Exzentrizität allgemein. Da war zum Beispiel dieser charmante alte Mann aus Melrose, der auf seinen Zehenspitzen ging. Aber „sie" sagten (mit ihrer üblichen Unfähigkeit, den Künstler zu würdigen): „Es ist nicht angenehm, dich im Moment zu sehen, du dummer alter Mann aus Melrose." Gelegentlich, wenn der Exzentriker zufällig ein kriminelles Genie ist, haben „sie" zweifellos Recht. Der alte Mann mit dem Gong, der den ganzen Tag darauf klopfte, verdiente es, zerschmettert zu werden. (Aber „Sie" schlugen auch einen ganz harmlosen alten Mann aus Whitehaven nieder, nur weil er mit einem Raben eine Quadrille tanzte.) Und da war dieser alte Mann aus Buda, dessen Verhalten immer unhöflicher wurde; Ich wage zu behaupten, dass „sie" das Recht hatten, einen Hammer zu benutzen, um sein Geschrei zum Schweigen zu bringen. Aber es wirft die ganze Frage der Bestrafung und des Verhältnisses zwischen Gesellschaft und Individuum auf.

Wenn „sie" nicht anstößig sind, begnügen sie sich mit ihrer törichten Neugier. So fragen „sie" den alten Mann vom Wrekin, ob seine Stiefel aus Leder seien. „Sie" belästigen den „Alten Mann im Baum" mit albernen Fragen über die Biene, die ihn so schrecklich langweilte. Bei diesen Begegnungen setzen sich die Genies und Exzentriker oft gegen das grobschlächtige und schwersinnige Publikum durch. Die alte Person von Ware, die auf dem Rücken eines Bären ritt, hat „sie" mit Sicherheit abgeschnitten. Denn als „Sie" fragten: „Trabt es?" Er antwortete: „Das ist nicht der Fall." (Das Bild zeigt ihn im Galopp *ventre à terre* .) „Es ist ein Moppsikon-Floppsikon-Bär." Manchmal führt der Exzentriker „sie" auch tatsächlich zu ihrem Unbehagen. Man denkt an den alten Mann im Garten, der immer jeden um Verzeihung bat. Als „sie" ihn fragten: „Wozu?" Er antwortete: „Du bist langweilig und ich vertraue darauf, dass du meinen Garten verlässt." Aber „Sie" haben ihn am Ende wahrscheinlich zerschmettert.

Gelegentlich übernehmen die genialen Männer eine Mallarméen-Politik. Sie fliehen vor der bedrängten Menge.

Der Stuhl ist dreist, glücklich und ich habe alle Bücher gelesen.

Fuir, là-bas, fuir....

Mit diesen Worten auf den Lippen machte sich der Alte von Bazing (dessen Geistesgegenwart, obwohl er ein Symbolist war, erstaunlich war) sicherlich auf den Weg, um das Ross zu kaufen, auf dem er in Höchstgeschwindigkeit ritt und den Menschen von Bazing entkam Bazing. Er wählte den besseren Teil; denn es ist fast unmöglich, der Menge zu gefallen. Seine Vorstadtnachbarn hielten den Alten von Ealing für nahezu gefühllos, denn er fuhr, wenn man so will, einen kleinen Wagen mit drei Eulen und einem Schwein. Und da war dieser erbärmliche alte Mann aus den Thermopylen (für den ich eine besondere Sympathie hege, da er mich so ergreifend an mich selbst erinnert), der nie etwas richtig gemacht hat. „Sie", sagten, „Wenn du dich dazu entschließt, in deinen Schuhen Eier zu kochen, wirst du niemals in den Thermopylen bleiben." Die Art von Menschen, die „sie" mögen, tun die dümmsten Dinge und haben die vulgärsten Erfolge. Sein Bekannter pflegte hoch über den Alten von Filey zu sprechen, weil er perfekt zum Klang einer Glocke tanzte. Und die Leute von Shoreham vergötterten ihren Mitbürger, dessen Gewohnheiten von Anstand geprägt waren und der sich einen Regenschirm kaufte und im Keller saß. Natürlich; es war nur zu erwarten.

XXV
SIR CHRISTOPHER WREN

Dass ein Engländer ein sehr großer bildender Künstler sein sollte, ist immer etwas überraschend. Vielleicht handelt es sich dabei um reinen Zufall; vielleicht hat es etwas mit unserem Nationalcharakter zu tun – falls so etwas wirklich existiert. Aber was auch immer die Ursache sein mag, es bleibt die Tatsache, dass England nur sehr wenige Künstler von erstklassiger Bedeutung hervorgebracht hat. Die Renaissance, die sich wie eine wunderbare ansteckende Geisteskrankheit über ganz Europa ausbreitete, manifestierte sich in verschiedenen Ländern durch unterschiedliche Symptome. In ihrem Ursprungsland Italien war die Renaissance vor allem ein Aufschwung der Malerei, Architektur und Bildhauerei. Gelehrsamkeit und religiöse Reformation waren in Deutschland die typischen Erscheinungsformen der Krankheit. Aber als diese wunderschönen spirituellen Masern den Ärmelkanal überquerten, waren ihre Symptome fast ausschließlich literarischer Natur. Die erste ahnungsvolle Berührung der Infektion aus Italien „brachte" Chaucer hervor. Mit dem nächsten Anfall der Krankheit brachte England die Elisabethaner hervor. Aber unter all diesen Dichtern gab es keinen einzigen bildenden Künstler, an dessen Namen wir uns auch nur erinnern.

Und dann brachte das 17. Jahrhundert plötzlich zwei geniale englische Künstler zur Welt. Es brachte Inigo Jones und wenig später Wren hervor. Wren starb im Frühjahr 1723 im Alter von mehr als neunzig Jahren. Wir feiern heute sein zweihundertjähriges Jubiläum – und zwar nicht nur durch antiquarische Gespräche und wissenschaftliche Würdigung seines Stils, sondern auch (an Zeichen mangelt es nicht) auf eine konkretere und lebendigere Art und Weise: indem wir uns erneut für die Kunst interessieren, deren großer Meister er war, und indem wir in unserer Praxis auf die schöne Tradition zurückgreifen, die er zusammen mit seinem Vorgänger Inigo ins Leben gerufen hat.

Eine Jubiläumsfeier ist ein Akt dessen, was Wordsworth „natürliche Frömmigkeit" genannt hätte; ein Akt, durch den die Vergangenheit mit der Gegenwart verknüpft wird und aus der vagen, endlosen Reihe der Tage eine einzige verständliche und logische Einheit in unserem Geist entsteht. Anlässlich der bevorstehenden Hundertjahrfeier erinnern wir uns gerne an die großen Männer der Vergangenheit, nicht so sehr im Rahmen historischer Übungen, sondern damit wir genau sehen können, wo wir in Bezug auf ihre Leistungen derzeit stehen, damit wir es können Schätzen Sie das Leben, das noch in ihrem Geist verbleibt, und wenden Sie die Moral ihres Beispiels auf uns an. Ich habe in diesem Artikel nicht die Absicht, eine Biographie von Wren, eine Liste seiner Werke oder eine technische Beschreibung seines Stils und seiner Methoden zu geben. Ich beabsichtige lediglich, die Art seiner Leistung und ihre Bedeutung für uns ganz allgemein zu beschreiben.

Wren war ein guter Architekt. Aber da es wichtig ist, genau zu wissen, wovon wir reden, fragen wir uns zunächst, was gute Architektur ist. Herr Ruskin stieg majestätisch von seinem privaten Sinai herab und diktierte einer ganzen Generation von Engländern das ästhetische Gesetz. Auf monolithischen Tafeln, den Steinen von Venedig, schrieb er die großen Wahrheiten nieder, die ihm offenbart worden waren. Hier ist einer davon:

Generell ist zu beachten, dass die Proportionen von Gebäuden nichts mit dem Stil oder dem Gesamtwert ihrer Architektur zu tun haben. Ein Architekt, der in den schlechtesten Schulen ausgebildet wurde und in seiner Arbeit völlig bedeutungs- und zwecklos ist, verfügt möglicherweise dennoch über eine so natürliche Gabe, Objekte zu bündeln und zu gruppieren, sodass sein Bauwerk aus der Ferne betrachtet wirkungsvoll wirkt.

Nun ist allgemein zu beachten, wie er selbst sagen würde, dass Ruskin in allen Angelegenheiten, die mit Kunst zu tun haben, so zu interpretieren ist, wie wir Träume interpretieren – das heißt, dass er genau das Gegenteil von dem bedeutet, was er sagt. Wenn wir ihn also sagen sehen, dass gute Architektur nichts mit Proportionen oder der vernünftigen Verteilung der Massen zu tun hat und dass die allgemeine Wirkung überhaupt nichts zählt, können wir davon ausgehen, dass dies bei guter Architektur tatsächlich mehr oder weniger eindeutig bewiesen ist , fast ausschließlich eine Frage der Proportionen und der Masse, und dass die Gesamtwirkung des gesamten Werks für fast alles zählt. Nach dieser einfachen oneirokritischen Methode interpretiert, kann man Ruskins päpstliche Äußerung als eine kurze und klare Erklärung der Geheimnisse guter Architektur auffassen. Deshalb habe ich dieses Zitat als Text für meinen Diskurs über Wren ausgewählt.

Denn die Qualitäten, die Wrens Werk am offensichtlichsten auszeichnen, sind genau diejenigen, die Ruskin so verächtlich herabwürdigt und die wir durch unseren Interpretationsprozess als die im Wesentlichen architektonischen Qualitäten herausgestellt haben. Bei allem, was Wren entworfen hat, spreche ich von den Werken seiner Reife; Denn zu Beginn seiner Karriere war er noch ein ungeübter Amateur und am Ende, wenn auch gelegentlich noch wunderbar erfolgreich, ein sehr alter Mann – wir sehen eine tadellose Proportion, eine gelungene Masse und Kontrastierung der Formen. Er konzipierte seine Gebäude als dreidimensionale Entwürfe, die aus jedem Blickwinkel als harmonisch proportionierte Ganzen betrachtet werden sollten. (Was das Äußere anbelangt, gilt dies natürlich nur für Gebäude, die von allen Seiten *einsehbar* sind. Wie alle echten Architekten baute Wren am liebsten an Orten, an denen seine Arbeit dreidimensional wahrgenommen werden konnte. Aber das war er auch Er war ein wunderbarer Fassadenbauer; sehen Sie sich sein Tor zum Mittleren Tempel und seine Häuser in King's Bench Walk an. In seinem großen Meisterwerk St. Paul scheint jeder Teil des Gebäudes, von innen oder außen gesehen, in einer gewissen befriedigenden und harmonischen Beziehung zu jedem anderen Teil zu stehen. Das Gleiche gilt selbst für die kleinsten Werke aus der Zeit, in der Wren reif war. Im kleineren Maßstab und auf einer anderen Ebene ist ein Gebäude wie das Rochester Guildhall genauso schön, weil in der Beziehung aller seiner Teile so harmonisch wie St. Paul's.

Auf Wrens andere rein architektonische Qualitäten möchte ich nur kurz eingehen. Er war zunächst einmal ein Ingenieur mit unerschöpflichen Ressourcen; jemand, auf den man sich immer verlassen konnte, wenn es darum ging, für jedes Problem die bestmögliche Lösung zu finden, von der Sprengung der Ruinen der alten St. Paul's-Kirche bis hin zur Ausstattung der neuen Kirche mit einer Kuppel, die gleichzeitig schön und absolut sicher sein sollte. Als Designer zeigte er den gleichen praktischen Einfallsreichtum. Kein Architekt hat es geschafft, aus einem schwierigen Gelände und billigen Materialien so viel herauszuholen. Der Mann, der die Kirchen der Stadt baute, war ein praktisches Genie ungewöhnlichen Ausmaßes. Er war auch ein Künstler von zutiefst originellem Geist. Diese Originalität zeigt sich in der Art und Weise, wie er die akzeptierten Merkmale der klassischen Renaissance-Architektur in neuen Entwürfen kombiniert, die völlig englisch und von ihm selbst stammen. Die Türme seiner Stadtkirchen sind ein deutliches Beispiel dieser Originalität. Seine Wohnarchitektur – diese wunderbare Anwendung klassischer Prinzipien auf das Beste der einheimischen Tradition – ist ein anderes.

Aber Wrens charakteristischste Eigenschaft – die Qualität, die seinem Werk über seine reine Schönheit hinaus seinen eigenen, besonderen Charakter und Charme verleiht – ist eher eine moralische als eine ästhetische Qualität. Über das Chelsea Hospital bemerkte Carlyle einmal, dass es „offensichtlich die Arbeit eines Gentlemans" sei. Die Worte sind aufschlussreich. Alles, was Wren tat, war die Arbeit eines Gentlemans; Das ist das Geheimnis seines besonderen Charakters. Denn Wren war ein großer Gentleman: einer, der Würde und Zurückhaltung schätzte und der, indem er sich selbst respektierte, auch die Menschheit respektierte; jemand, der wünschte, dass Männer und Frauen mit der Würde und sogar der Erhabenheit leben sollten, die ihrem stolzen menschlichen Titel gebührt; jemand, der Gemeinheit und Kuriosität ebenso verachtete wie vulgäre Zurschaustellung; jemand, der Vernunft und Ordnung bewunderte, der jeder Extravaganz und jedem Übermaß misstraute. Ein Gentleman, das Endprodukt einer alten und geordneten Zivilisation.

Wren, der zurückhaltende und würdevolle Herr, sticht am deutlichsten hervor, wenn wir ihn mit seinen italienischen Zeitgenossen vergleichen. Den

Barockkünstlern des 17. Jahrhunderts ging es vor allem um das Neue, das Aufsehen erregende, das Erstaunliche; Sie strebten nach unmöglicher Größe und unerhörter Gewalt. Die architektonischen Ideale, von denen sie träumten, ließen sich eher in theatralischer Pappe als in Stein verkörpern. Und tatsächlich war das späte 17. und frühe 18. Jahrhundert das goldene Zeitalter der Szenenmalerei in Italien. Die Künstler, die die Bühnenbilder für die Opern des älteren Scarlatti, die späteren Bibienas und Piranesis, malten, kamen dem wilden italienischen Ideal näher als je zuvor bloße Architekten wie Borromini oder Bernini, deren Vorstellungskraft durch die Hartnäckigkeit des Steins und die ruhelosen Aktivitäten der Gravitation eingeschränkt war. konnte hoffen, es zu tun.

Wie sehr unterscheidet sich die barocke Theatralik von Wrens nüchterner Zurückhaltung! Wren war ein Meister des großen Stils; Aber er hätte nie davon geträumt, allein aus Gründen der Wirkung zu bauen. Er war nie theatralisch oder protzig, nie anmaßend oder vulgär. St. Paul ist ein Denkmal der Mäßigkeit und Keuschheit. Sein großer Palast in Hampton Court ist kein protziger Schauplatz für die Farce der absoluten Monarchie. Es ist ein Herrenhaus auf dem Land – natürlich geräumiger, mit stattlicheren Zimmern und beeindruckenderen Ausblicken –, aber dennoch ein Haus, in dem jemand leben sollte, der sowohl ein Mann als auch ein König war. Aber wenn seine Paläste ohne die geringste Ungereimtheit einen wohlerzogenen Gentleman beherbergen konnten, so waren umgekehrt seine gewöhnlichen Häuser immer würdevoll genug, so klein sie auch sein mochten, um Paläste im Miniaturformat und die Häuser von Königen zu sein.

Im Laufe der zweihundert Jahre, die seit seinem Tod vergangen sind, sind Wrens Nachfolger oft mit traurigen Folgen von der Tradition abgewichen, deren Begründer er war. Sie haben in ihrer Architektur die Kunst vergessen, Gentlemen zu sein. Infiziert von einem Hauch der barocken *Folie de Grandeur* bauten die Architekten des 18. Jahrhunderts Häuser in Anlehnung an Versailles und Caserta – riesige Bühnenhäuser, alles nur zur Schau und zur Pracht, und so gut wie unmöglich, darin zu leben.

Die Architekten des 19. Jahrhunderts sündigten in diametral entgegengesetzter Weise – in Richtung Gemeinheit und Negation der Kunst. Sinnlos mit Details beschäftigt, schufen sie die alptraumhafte Architektur der „Features". Die Scheingotik des frühen viktorianischen Zeitalters wich am Ende des Jahrhunderts der widerlichen Affektiertheit der „Scheinbauernschaft". Große Häuser wurden mit der ganzen Unregelmäßigkeit und mehr als nur der „Malerei" von Cottages gebaut; Vorstadtvillen hatten die Form maschinell hergestellter Nachbildungen der Tudor-Bauernhütten. Im Grunde genommen hörte die Architektur auf zu existieren; Ruskin hatte gesiegt.

Heute gibt es jedoch Anzeichen dafür, dass die Architektur zu der gesunden und würdevollen Tradition zurückkehrt, deren großer Vertreter Wren war. Architekten bauen Häuser, in denen Herren wohnen können. Hoffen wir, dass sie das auch weiterhin tun. Es mag erhabenere Männertypen als den Gentleman geben: Es gibt zum Beispiel Heilige und große Enthusiasten, deren Gedanken und Taten die Welt bewegen. Aber aus praktischen Gründen und in einer zivilisierten, geordneten Gesellschaft bleibt der Gentleman letztlich der ideale Mann. Die tiefsten religiösen Emotionen kamen in der gotischen Architektur zum Ausdruck. Menschliche Ambitionen und Sehnsüchte wurden am kolossalsten von den Römern und Italienern des Barock widergespiegelt. Aber gerade in England hat die goldene Mitte der Vernünftigkeit und des Anstands – die praktische Philosophie des zivilisierten Menschen – ihren elegantesten und würdevollsten Ausdruck gefunden. Der vor zweihundert Jahren verstorbene alte Herr hielt mehrere steinerne Predigten zum Thema Zivilisation. St. Paul's und Greenwich, Trinity Library und Hampton Court, Chelsea, Kilmainham, Blackheath und Rochester, St. Stephen's, Wallbrook und St. Mary Ab-church, Kensington Orangery und Middle Temple Gateway – das sind die Titel einiger von ihnen. Sie können uns viel lehren, wenn wir sie nur studieren.

XXVI
BEN JONSON [3]

Es ist eine gewisse Überraschung, dass die für Ben Jonson reservierte Nische in der Reihe „English Men of Letters" erst jetzt besetzt ist. Irgendwie erwartete man, dass er zu den ersten der Großen gehört hätte, die in den Tempel aufgenommen wurden; aber nein, er musste lange warten; und Adam Smith und Sydney Smith und Hazlitt und Fanny Burney sind vor ihm in den Tempel des Ruhms gegangen. Jetzt ist ihm jedoch endlich ein Denkmal gesetzt, mit Professor Gregory Smiths qualifizierter Version von „O seltener Ben Jonson!" ordnungsgemäß und endgültig darauf geschnitzt.

Was bringt uns dazu, Ben Jonson fast wie selbstverständlich zu den ganz Großen zu zählen? Warum sollten wir erwarten, dass er ein früher Kandidat für die Unsterblichkeit ist, oder warum sollte er überhaupt in die Reihe „English Men of Letters" aufgenommen werden? Diese Fragen sind schwer zu beantworten; Denn wenn wir uns mit der Sache befassen, sind wir nicht in der Lage, Ben oder seine Größe besonders lobend zu schildern. Es ist schwer zu sagen, dass jemand seine Arbeit mag; Man kann ihn ehrlich gesagt nicht als guten Dichter oder herausragenden Dramatiker bezeichnen. Und doch, so unsympathisch er auch ist, so uninteressant er oft auch sein mag, respektieren und bewundern wir ihn dennoch, weil wir uns trotz allem dunkel, aber sicher bewusst sind, dass er ein großartiger Mann war.

Auf seine Nachfolger hatte er wenig Einfluss; Die Humorkomödie starb ohne Erfolg. Shadwell, der bergbäuchige „Og, aus einer Verräterkneipe, der nach Hause rollt", ist kein Schüler, auf den irgendjemand stolz sein könnte. Keine Auseinandersetzung mit der Literaturgeschichte wird Ben Jonson als Gründer einer Schule oder als Inspirator anderer großartig machen. Seine Größe ist eine charakterliche Größe. Der Anblick dieser beeindruckenden Gestalt, die mit panzerartiger Unaufhaltsamkeit auf das Ziel zusteuert, das sie erreichen wollte, hat fast etwas Beunruhigendes. Keine Sirenen der Romantik können ihn verführen, kein Schock des Widerstands kann ihn von seiner Karriere abbringen. Er folgt dem Kurs, der zu Beginn seines literarischen Lebens theoretisch vorgezeichnet wurde, und weicht nie von diesem engen Weg bis zum Schluss ab – bis zu dem Zeitpunkt, als er im hohen Alter die exquisite Pastoralschrift „Der traurige Hirte" schrieb, die *wahr* ist eine völlige und absolute Verleugnung all seiner lebenslangen Prinzipien. Aber *„The Sad Shepherd"* ist eine Schwäche, wenn auch eine triumphale Schwäche. Ben, wie er sich selbst gerne nannte, wie er sich uns immer wieder offenbart hat, ist der Künstler mit Prinzipien, der gegen die anarchische Prinzipienlosigkeit der Genies und Scharlatane, der Dichter und Geschwätzer seiner Zeit protestiert.

Der wahre Künstler wird nicht vor der Natur davonlaufen, weil er Angst vor ihr hat; oder vom Leben und dem Abbild der Wahrheit abweichen; aber sprechen Sie nach der Kapazität seiner Zuhörer. Und obwohl sich seine Sprache etwas von der vulgären Sprache unterscheidet, wird sie nicht der gesamten Menschheit entgehen, ebenso wie die Tamerlaner und Tamer-Chams der Spätzeit, die nichts anderes in sich hatten als das szenische Stolzieren und das wütende Geschrei, um sie den unwissenden Gaffen zu rechtfertigen. Er weiß, dass es seine einzige Kunst ist, sie so zu tragen, wie sie nur von Künstlern wahrgenommen wird. In der Zwischenzeit wird er vielleicht von diesen Männern, die ohne Arbeit, Urteilsvermögen, Wissen oder auch nur annähernd Verstand zuvorkommend oder bevorzugt werden, als unfruchtbar, langweilig, dürr, als armer Schriftsteller bezeichnet, oder mit welchem verächtlichen Wort auch immer ihn.

In diesen Sätzen aus *Discoveries* malt Ben Jonson sein eigenes Bild – ein Porträt des Künstlers als wahren Künstler – und legt in seiner allgemeinsten Form und ohne ablenkende Details des Humors oder des moralischen Zwecks der Kunst seine eigene Theorie der Kunst dar wahre Funktion und Natur des Künstlers. Jonsons Theorie war keine leere Spekulation, kein bloßes Ding aus Worten und Luft, sondern ein Glaubensbekenntnis, ein Prinzip, ein kategorischer Imperativ, der sein gesamtes Werk prägte und prägte. Jede Untersuchung des Dichters muss daher mit der Formulierung seiner Theorie beginnen und dann, wie Professor Gregory Smiths ausgezeichneter Aufsatz tatsächlich vorgeht, im Detail zeigen, wie die Theorie in jeder einzelnen Komposition angewendet und ausgearbeitet wurde.

Über künstlerische Theorien wurde hin und wieder viel Unsinn geredet. Dem Künstler wird gesagt, er solle keine Theorien haben, er solle die Noten einheimischer Hölzer wild trällern, er solle „singen“, völlig spontan sein, sein Gehirn aushungern und sein Herz und seine Milz kultivieren; dass eine künstlerische Theorie den Stil einschränkt, die Helikons der Inspiration stoppt und so weiter und so weiter. Die törichte und sentimentale Vorstellung vom Künstler, zu der diese antiintellektuellen Lehren eine Folge sind, stammt aus der Zeit der Romantik und überlebt unter den Dummen und Sentimentalen der Gegenwart. Eine bewusst praktizierte Kunsttheorie hat einen guten Künstler nie verdorben, nie die Inspiration gestaut, sondern sie vielmehr und in den meisten Fällen gewinnbringend kanalisiert. Auch die Romantiker hatten Theorien und waren grundsätzlich wild und emotional.

Theorien sind vor allem dann notwendig, wenn alte Traditionen aufbrechen, alles im Chaos und im Wandel ist. In solchen Momenten formuliert ein Künstler seine Theorie und hält durch dick und dünn daran fest; klammert sich daran fest als das einzige feste Bollwerk der Sicherheit inmitten der umgebenden Unruhen. Als also der Neoklassizismus, zu dessen Vorfahren

Ben gehörte, im Nichts von „ *The Loves of the Plants*" und „*The Triumphs of Temper*" *zerfiel* , fand Wordsworth Erlösung durch die Verkündung einer neuen Poesietheorie, die er in *Lyrischen Balladen* systematisch und bis an den Rand der Absurdität umgesetzt . Ebenso finden wir im Schiffbruch der alten Tradition der Malerei die Künstler der Gegenwart, die verzweifelt an intellektuellen Formeln als ihrer einzigen Hoffnung im Chaos festhalten. Tatsächlich kann es sich der Künstler nur dann leisten, gänzlich auf die Theorie zu verzichten, wenn eine etablierte Tradition vorherrscht und unbestritten vorherrscht. Und dann ist das Fehlen einer Theorie eher scheinbar als real; denn die Tradition, in der er arbeitet, ist eine ursprünglich von jemand anderem formulierte Theorie, die er unbewusst und als wäre sie das Naturgesetz selbst, akzeptiert.

Der Beginn des 17. Jahrhunderts war keine dieser Perioden der Gelassenheit und ruhigen Akzeptanz. Es war ein Moment des gemeinsamen Wachsens und Vergehens, der Gärung. Der märchenhafte Aufschwung der Renaissance hatte bereits an Bedeutung gewonnen. Mit der Extravaganz an Energie, die sie in allen Dingen auszeichnete, hatten die Elisabethaner die Traditionen ihrer Literatur bis zur Unaufrichtigkeit übertrieben. Alle künstlerischen Traditionen enden mit der Zeit in der Absurdität; aber die Elisabethaner drückten das Wachstum und den Niedergang eines Jahrhunderts auf wenige Jahre zusammen. Einer nach dem anderen verwandelten und zerstörten sie jede Art von Kunst, mit der sie in Berührung kamen. Euphuismus, Petrarchismus, Spenserismus, das Sonett, das Drama – einige hielten etwas länger an als andere, aber am Ende explodierten sie alle, diese wunderschönen schillernden Blasen, die durch die Begeisterung ihrer Schöpfer zu groß geblasen wurden.

Doch inmitten dieses instabilen Überschwangs waren Proteststimmen zu hören, Reaktionen gegen die romantische Hauptströmung waren erkennbar. Jeder auf seine Weise und in seinem eigenen Bereich protestierten Donne und Ben Jonson gegen die Übertreibungen der Zeit. Zu einer Zeit, als Sonnetisten in Legionen über die Schwärze der Augen ihrer Damen oder die goldenen Strähnen ihrer Haare stritten, als Platoniker in melodischem Chor beteuerten, sie seien nicht in „Rot und Weiß" verliebt, sondern in das Ideal und die göttliche Schönheit Davon waren pfirsichblütenfarbene Gesichtszüge nur unzureichende Schatten. Zu einer Zeit, in der Liebesgedichte mit seltenen Ausnahmen phantastisch unwirklich geworden waren, brachte Donne es, vielleicht ein wenig unhöflich, mit der trockenen Bemerkung auf die Tatsachen zurück:

Liebe ist nicht so rein und abstrakt, wie sie es gerne hätten

Zu sagen, die keine Geliebte außer ihrer Muse haben.

Es gab Dichter, die lyrischer als Donne geschrieben haben und inbrünstiger über bestimmte Liebesgefühle geschrieben haben, aber keiner, der eine so rationale Philosophie der Liebe als Ganzes formuliert hat, der alle Fakten so klar gesehen und sie so fundiert beurteilt hat. Donne legte keine Literaturtheorie nieder. Seine Anhänger nahmen ihm alles weg, was relativ unwichtig war – die Härte, die an sich ein Protest gegen die spenserische Leichtigkeit war, die Einbildungen, die durch Mystik gemilderte Sinnlichkeit –, aber die wichtige und originelle Qualität von Donnes Werk, den psychologischen Realismus, konnten sie durch bloße Betrachtung nicht erreichen Unfähigkeit, in die eigene Poesie übertragen. Donnes unmittelbarer Einfluss war im Großen und Ganzen schlecht. Jeder positive Einfluss, den er möglicherweise hatte, wirkte sich auf Dichter viel später aus.

Der andere große literarische Protestant dieser Zeit war der merkwürdige Gegenstand unserer Untersuchung, Ben Jonson. Wie Donne war er ein Realist. Er hatte keine Verwendung für Klamauk, Tiraden oder Romantik. Sein Ziel war es, seinem Publikum reale Fakten, gewürzt mit solider Moral, zu vermitteln. Es gelang ihm nicht, ein großer Realist zu sein, teils, weil ihm die Vorstellungskraft fehlte, um mehr als die offensichtlichste und oberflächlichste Realität wahrzunehmen, und teils, weil er so sehr mit der gesunden Moral beschäftigt war, dass er bereit war, die Wahrheit der Satire zu opfern; so dass er uns anstelle von Charakteren Humor gibt, nicht Verstand, sondern personifizierte moralische Qualitäten.

Ben hasste Romantik; denn was auch immer seine körperlichen Gewohnheiten gewesen sein mochten, wie unerschöpflich sein Trinkvermögen auch sein mochte, intellektuell gehörte er zur Partei der Nüchternheit. Zu allen Zeiten standen sich Betrunkene und Nüchterne gegenüber, und jede Partei verspottete und verurteilte lautstark die Mängel, die sie bei der anderen feststellte. „Die Tamerlanes und Tamer-Chams der Spätzeit" werfen dem nüchternen Ben vor, „unfruchtbar, langweilig, mager, ein schlechter Schriftsteller" zu sein. Ben erwidert, dass sie „nichts anderes in sich haben als das szenische Stolzieren und das wütende Geschrei, um sie vor den unwissenden Gaffern zu rechtfertigen." Zu einer anderen Zeit sind es die Hernanis und die Rollas, die dem Inbegriff der Trockenheit, dem fast teuflisch nüchternen Stendhal, seinen Krämerstil vorwerfen. Stendhal wiederum bemerkt: „En paraissant, vers 1803, le *Génie* de Chateaubriand m'a semblé spott." Und heute? Wir haben unsere Nüchternen und unsere Betrunkenen, unseren Hardy und unseren Belloc, unseren Santayana und unseren Chesterton. Die Unterscheidung ist ewig gültig. Unsere persönlichen Sympathien mögen bei dem einen oder anderen liegen; aber es ist offensichtlich, dass wir auf beides verzichten könnten. Ben war also einer der Nüchternen, der mit Nachdruck gegen das extravagante Verhalten der Betrunkenen protestierte, ein Intellektueller, der darauf beharrte, dass es keinen Weg gäbe, zur Wahrheit zu gelangen, außer durch intellektuelle Prozesse, eine Apotheose des einfachen Mannes, der entschlossen war, Nein zu sagen Unsinn über irgendetwas. Bens poetische Leistung, so wie sie ist, ist die Leistung eines Menschen, der sich nicht auf mysteriöse Inspiration verließ, sondern auf die soliden Qualitäten von Sinn, Ausdauer und gesundem Urteilsvermögen, die von jedem anständigen Bürger eines anständigen Landes erwartet werden können. Dass er selbst, versteckt irgendwo in den dunklen Krypten und Nischen seines Geistes, über andere seltenere spirituelle Qualitäten verfügte, wird durch die Existenz seiner Ergänzungen zur *Spanischen Tragödie bewiesen* – wenn sie tatsächlich von ihm stammen, woran es keinen triftigen Grund zu zweifeln gibt – und sein letztes Fragment eines Meisterwerks, *The Sad Shepherd* . Aber diese Eigenschaften scheint er, wie Professor Gregory Smith betont, absichtlich unterdrückt zu haben; Er sperrte sie auf Befehl seiner herrischen Theorie an die seltsamen dunklen Orte ein, aus denen sie zu Beginn und am Ende seiner Karriere hervorkamen. Er hätte ein großer Romantiker sein können, einer der erhabenen Trunkenbolde; er entschied sich lieber für eine klassische und nüchterne Form. Indem er ausschließlich mit dem logischen Intellekt arbeitete und die Hilfe dieser unkontrollierten unlogischen Elemente der Vorstellungskraft als gefährlich ablehnte, schuf er Werke, die auf ihre Art ausgezeichnet sind. Es ist gut ausgearbeitet, stark, voller Gelehrsamkeit und das, was die Chaucerianer als „hohes Urteil" bezeichnen würden. Abgesehen von der emotionalen Intensität und Kürze besitzt es alle Qualitäten des französischen klassischen Dramas. Aber die Qualität, die die beste elisabethanische und sogar die beste englische Poesie aller Zeiten auszeichnet, die Kraft, sich gleichzeitig in zwei Welten zu bewegen, fehlt ihr. Jonson bewegt sich, wie die französischen Dramatiker des 17. Jahrhunderts, auf einer Ebene, direkt auf ein logisches Ziel zu. Der Weg, auf dem uns seine großen Zeitgenossen führen, ist nicht eben; es ist sozusagen geneigt und uneben, so dass wir, während wir daran entlanggehen, augenblicklich auf einer Tangente von der festen Erde der logischen Bedeutung in höher gelegene Regionen geschleudert werden, in denen die intellektuellen Gesetze der Schwerkraft keine Kontrolle haben. Der Fehler von Jonson und den Klassikern im Allgemeinen besteht in der Annahme, dass nichts von Wert sei, was nicht einer logischen Analyse zugänglich sei; wohingegen die Wahrheit darin besteht, dass die größten Triumphe der Kunst in einer Welt stattfinden, die nicht ausschließlich dem Intellekt zuzuordnen ist, sondern irgendwo zwischen ihm und der unbeschreiblichen, für diejenigen, die in sie eingedrungen sind, jedoch äußerst realen Welt des Mystikers liegt. In seiner Angst und Abneigung gegen den Unsinn legte Jonson nicht nur die Tamer-Chams und den Fustian der Spätzeit von sich ab, sondern auch den Großteil der Schönheit, die er geschaffen hatte.

Mit den romantischen Emotionen seiner Vorgänger und Zeitgenossen gab Jonson einen Großteil der charakteristischen elisabethanischen Form ihrer Poesie auf. Die außergewöhnliche Melodik, die die elisabethanische Lyrik auszeichnet, ist in keinem von Bens Werken zu finden. Die Gedichte, mit denen wir uns an ihn erinnern – „Cynthia", „Drink to Me Only", „It is Not Growing Like a Tree" – sind klassisch gut gemacht (obwohl die unbekümmerten Lyriker im gleichen Stil besser abschneiden sollten); aber nicht wegen ihrer musikalischen Qualitäten erinnern wir uns an sie. Man kann Bens kritische Verachtung für jene rein formalen Mittel zur Erzeugung musikalischen Reichtums verstehen, an denen die Elisabethaner ihre Freude hatten.

Augen, warum hast du mir diese Gnaden gebracht,

Gnädig, sich über ihr wahres Maß hinaus zu wundern,

Maß für den Aufenthalt aller Freuden auf den Spuren von Phantomen

Modul der Lust.

Der Kunstgriff ist in seiner Formalität kindisch, die Worte in ihrer Dunkelheit fast bedeutungslos. Aber was macht das schon, denn die Strophe ist ein Triumph von klangvoller Schönheit? Die Elisabethaner ersannen viele Erfindungen dieser Art; die kleinen Dichter nutzten sie aus, bis sie lächerlich wurden; die großen Dichter setzten sie mit größerer Diskretion ein und spielten subtile Variationen (wie in Shakespeares Sonetten) über das grobe Thema. Wenn Schriftsteller etwas zu sagen hatten, wurden ihre Gedanken, in diese reichlich ausgearbeiteten Formen gegossen, zu großartigster, poetischer Beredsamkeit geformt. Ein kleiner Dichter wie Lord Brooke, aus dessen Werken wir gerade ein Beispiel reinen Formalismus zitiert haben, könnte in seinen Momenten der Inspiration so großartige Zeilen hervorbringen wie:

Der Geist des Menschen ist die wahre Dimension dieser Welt,

Und Wissen ist das Maß des Geistes;

oder diese aus der untersten Hölle:

Ein Ort, an dem es kein Zentrum gibt,

Tief unter den Tiefen, so weit der Himmel reicht

Über der Erde; dunkel, unendlich weit auseinander:

Pluto, der König, das Königreich, das Elend.

Sogar in die komische Poesie importierten die Elisabethaner die großartige Manier. Der anonyme Autor von

T-hi, t-hi! Oh süße Freude

Er kitzelt dieses Alter, wer kann das schon

Nennen Sie Tullias Affen einen Marmosite

Und Ledas Gans ist ein Schwan,

kannte das Geheimnis dieser reichen, einfachen Musik, die alle schaffen konnten, die in der großen elisabethanischen Tradition schrieben. Jonson reagierte wie Donne auf die Leichtigkeit und den Reichtum dieser Technik, allerdings auf eine andere Art und Weise. Donnes Protest nahm die Form einer eingebildeten Subtilität des Denkens an, gepaart mit einer Härte des Metrums. Jonsons klassische Ausbildung neigte ihn zu Klarheit, Sinnfestigkeit und Ökonomie der Form. Als Lyriker steht er auf halbem Weg zwischen den Elisabethanern und den unbekümmerten Liedermachern; Er hat sich von der alten Tradition gelöst, sich aber noch nicht ganz in der neuen eingelebt. Bestenfalls erreicht er eine geringfügige Perfektion an Punkt und Sauberkeit. Im schlimmsten Fall verfällt er in jene Trockenheit und Trägheit, die man ihm, wie er wusste, vorwerfen konnte.

Wir haben aus der Passage über den wahren Kunsthandwerker gesehen, dass Jonson sich des Risikos, das er einging, völlig bewusst war. In „ *Discoveries*" greift er mehr als einmal auf das gleiche Thema zurück: „Manche Männer geraten, um Entlassungen zu vermeiden, in diesen [einen „dünnen, schwächelnden, armen, ausgehungerten" Stil]; und während sie danach streben, weder böses Blut noch Saft zu haben, verlieren sie ihr Gutes." Das Gute, das Jonson verloren hat, war großartig. Und auf die gleiche Weise sehen wir heute, wie die Angst davor, sentimental oder „schokoladekastenartig" zu werden, viele der jüngeren Dichter und Künstler dazu treibt, davor zurückschrecken, die großen Gefühle oder die offensichtlich verschwenderische Schönheit der Erde zu behandeln. Aber ein Gutes zu meiden, weil seine Verdorbenheit sehr schlecht ist, ist sicherlich ein Zeichen von Schwäche und Torheit.

Nachdem Ben Jonson das Reich der romantischen Schönheit verloren hatte – absichtlich und mit Absicht –, widmete er seine ganze immense Energie der Darstellung und Reformierung der hässlichen Welt der Tatsachen. Aber seine reformatorischen satirischen Absichten standen, wie wir bereits gezeigt haben, im Widerspruch zu seinen realistischen Absichten, und anstatt in seiner Kunst die tatsächliche Welt der Menschen nachzubilden, erfand er das völlig intellektuelle und daher völlig unwirkliche Universum des Humors. Es ist eine seltsame neue Welt, die aus der sicheren Entfernung, die die Bühne von den Ständen trennt, amüsant anzusehen ist; aber kein Ort, an dem man jemals leben möchte – seine Nachbarn, Narren, Schurken, Heuchler und Bären würden die erfreulichste Aussicht unerträglich machen. Und über all dem liegt die Atmosphäre von Jonsons Humor. Es ist eine merkwürdige Art von Humor, ganz anders als alles, was heute unter diesem Namen bekannt ist, vom Humor von *Punch* oder *A Kiss for Cinderella*. Man muss nur „*Volpone*" lesen – oder, noch besser, es sich ansehen, wenn es dieses Jahr von der Phoenix Society zur Wiederbelebung alter Stücke aufgeführt wird –, um zu erkennen, dass Bens Vorstellung von einem Witz sich erheblich von unserer unterschied. Der Humor war nie mehr derselbe, seit Rousseau den Humanitarismus erfunden hat. Syphilis und gebrochene Beine waren zu Smolletts Zeiten noch viel komischer als zu unserer Zeit. Ein Großteil des älteren Humors hat eine Grausamkeit, eine Herzlosigkeit, die manchmal schockierend, manchmal in seinen weniger extremen Formen angenehm herb und anregend ist, nach den Orgien des urigen Pathos und der sentimentalen Komödie, denen wir uns heutzutage hingeben müssen. In *Volpone* gibt es keine pathetische Zeile ; Alle Charaktere sind zutiefst unangenehm und der Spaß ist fast so düster, wie Spaß nur sein kann. Seine Herzlosigkeit ist nicht die brillante, zynische Herzlosigkeit der späteren Restaurationskomödie, sondern etwas Schwerfälliges und Großes. Es erinnert uns an einen dieser riesigen, schmerzhaften Witze, die das Schicksal manchmal der Menschheit spielt. Es gibt keine Erleichterung, keine Reinigung durch Mitleid und Terror. Es erfordert einen sehr herzlichen Sinn für Humor, um es zu verdauen. Wir haben Grund, unsere Vorfahren für ihre Fähigkeit zu bewundern, diese Art von Komödie so zu genießen, wie man sie genießen sollte. Beim heutigen Londoner Publikum würde es kaum Beachtung finden.

In den anderen Komödien ist der Spaß nicht so düster; Aber sie alle haben eine gewisse Härte und Brutalität – was natürlich letztendlich auf die Tatsache zurückzuführen ist, dass die Charaktere keine Menschen sind, sondern Marionetten aus Holz und Metall, die zusammenstoßen und aufeinander einprügeln, wie die wilden Puppen der Punch und Judy Show, ohne die Schmerzhaftigkeit des Verfahrens zu spüren. Shakespeares Komödie ist nicht herzlos, denn die Charaktere sind menschlich und einfühlsam. Unsere moderne Sentimentalität ist eine Verfälschung, eine Aufweichung echter Menschlichkeit. Wir brauchen noch ein paar Jonsons und Congreves, noch mehr Stücke wie „*Volpone*" oder das unnachahmliche „*Marriage à la Mode*" von Dryden, in dem sich der Vorhang öffnet und eine Dame das unverschämt zynische Lied singt, das beginnt:

Warum sollte ein törichtes Eheversprechen,

Das wurde vor langer Zeit gemacht,

Zwinge uns jetzt zueinander

Wenn das Vergnügen verfällt?

Zu viel Herzlosigkeit ist unerträglich (wie schnell wendet man sich empört von der Literatur der Restauration ab!), aber ab und zu ein wenig davon ist erfrischend, ein Stärkungsmittel für entspannte Gefühle. Ein wenig rücksichtsloses Lachen klärt die Luft wie nichts anderes; Es tut uns gut, hin und wieder zu sehen, wie unsere Ideale ausgelacht und unsere Vorstellung von Adel karikiert wird. Es ist gut, wenn die Nase der Feierlichkeit gespitzt wird, es ist gut, wenn die menschliche Wichtigtuerei gemein und lächerlich gemacht wird. Es sollte – wie Marinetti betont hat – die große gesellschaftliche Funktion der Musiksäle sein, für dieses grausame und schonungslose Gelächter zu sorgen und aus all den feierlich akzeptierten Erhabenheiten und Vornehmheiten einen Possenreißer zu machen. Eine gute Dosis dieses Spotts, zweimal im Jahr zur Tagundnachtgleiche verabreicht, sollte unseren Geist von vielen Abfallstoffen reinigen, unseren Geist flink machen und unsere Augen erhellen, damit wir die Welt um uns herum klarer und wahrheitsgetreuer betrachten können.

Bens Reduzierung des Menschen auf eine Reihe eher unangenehmer Humore ist fundiert und heilsam. Humor existiert natürlich nicht in der Realität; sie sind nur wahr, wie Karikaturen wahr sind. Manchmal fragen wir uns, ob eine Karikatur nicht doch wahrer ist als ein Foto; Es gibt andere, bei denen es wie eine dumme Lüge erscheint. Aber eine Karikatur ist immer beunruhigend; Und für die meisten von uns ist es sehr gut, wenn wir uns unwohl fühlen.

XXVII
CHAUCER

Es gibt kaum etwas Melancholischeres als das Spektakel der literarischen Versteinerung. Ein großer Schriftsteller entsteht, lebt, arbeitet und stirbt. Zeit vergeht; Jahr für Jahr verdichtet sich der Sediment aus trüben Kommentaren und Kritik um die Knochen des großen Mannes. Das Sediment verfestigt sich; Was einst ein lebender Organismus war, wird zu einem Ding aus Marmor. Mit dem Erreichen der völligen Versteinerung ist der große Mann zum Klassiker geworden. Für die Mitglieder jeder nachfolgenden Generation wird es immer schwieriger, sich daran zu erinnern, dass die steinigen Objekte, die die Museumsvitrinen füllen, einst lebendig waren. Es ist oft ein erheblicher Arbeitsaufwand, das lebende Tier aus der Fossilform zu rekonstruieren. Aber es lohnt sich im Allgemeinen, sich die Mühe zu machen. Und auf keinen Fall lohnt es sich mehr als bei Chaucer.

Bei Chaucer wurde der gewöhnliche Versteinerungsprozess, dem jeder klassische Autor unterliegt, durch die Versteinerung seiner Sprache erschwert. Fünfhundert Jahre haben fast ausgereicht, um die lebendsten Dichter auf der modernen Seite der Schulen zu einem Ersatz für die geistige Gymnastik des Lateinischen und Griechischen zu machen. Prophetisch erkannte Chaucer das Schicksal, das ihn erwartete, und legte Berufung gegen seinen Untergang ein:

Weißt du, in der Form der Sprache gibt es Veränderung

Innerhalb von tausend Jahren, und zwar mit Worten

Dieser Hadden-Preis, jetzt Wunder schön und seltsam

Wir denken sie; und doch redeten sie so,

Und so schnell in der Liebe, wie es Männer jetzt tun.

Der Körper seiner Poesie mag alt geworden sein, aber ihr Geist ist immer noch jung und unsterblich. Um diesen Geist zu kennen – und wenn man ihn nicht kennt, ignoriert man etwas, das in der Geschichte unserer Literatur von einzigartiger Bedeutung ist –, muss man sich die Mühe machen, sich mit dem Körper vertraut zu machen, den er prägt und dem er Leben einhaucht. Die antike Sprache und Verse, die für unsere Ohren so „wunderschön und seltsam" sind, stellen für die meisten Menschen, die zum Vergnügen lesen, ein Hindernis dar (nicht, dass ein Leser, der diesen Namen verdient, jemals aus etwas anderem als dem Vergnügen liest); für die Pedanten sind sie Selbstzweck. Ihnen gehört der Kadaver, aber nicht die Seele. Zwischen denen, die von seinen oberflächlichen Schwierigkeiten eingeschüchtert sind, und denen, die sich zu sehr an ihnen erfreuen, findet Chaucer nur wenige sympathische Leser. Ich hoffe, auf diesen Seiten einige der Gründe nennen zu können, die Chaucer so lesenswert machen.

Chaucers Kunst ist aufgrund ihrer Größe und Objektivität äußerst schwer einer kritischen Analyse zu unterziehen. Damit konfrontiert, konnte Dryden nur ausrufen: „Hier ist Gottes Fülle!" – und dieser Ausruf erweist sich letzten Endes als die angemessenste und befriedigendste aller Kritikpunkte. Der Kritiker kann nur darauf hoffen, Drydens beispielhafte Kürze zu erweitern und zu veranschaulichen.

„Gott hat genug!" – der Satz ist besonders fröhlich. Es ruft eine Vision der verlorenen Erde, der Erntefelder, der unzähligen Tiere und Vögel und des wimmelnden Lebens hervor. Und im Herzen dieser lebendigen und materiellen Welt der Natur lebt Chaucer. Er ist der Dichter der Erde, der mit dem Gehen überaus zufrieden ist und keine Flügel begehrt. Viele englische Dichter haben die Erde wegen etwas geliebt – eines Traums, einer Realität, nennen Sie es wie Sie wollen –, das dahinter liegt. Aber es gab nur wenige und außer Chaucer keine großen Dichter, die die Erde um ihrer selbst willen liebten, die Natur im Sinne von etwas unweigerlich Materiellem, etwas, das das Gegenteil des Übernatürlichen ist. Für ihn steht die natürliche Ordnung, das „Gesetz der Art", wie er es nennt, über allem auf dieser Welt. Die Lehren der meisten großen Propheten und Dichter sind lediglich Proteste gegen das Gesetz der Art. Chaucer protestiert nicht, er akzeptiert. Gerade diese Akzeptanz macht ihn unter den englischen Dichtern einzigartig. Er betrachtet die Natur nicht als Symbol einer weiteren spirituellen Realität; Hügel, Blumen, Meer und Wolken sind für ihn keine Transparenzen, durch die das Wirken einer großen Seele sichtbar wird. Nein, sie sind undurchsichtig; er mag sie als das, was sie sind, angenehme und schöne Dinge, und nicht weniger köstlich, weil sie eindeutig erdig sind. Ebenso nimmt er die Menschen, wie er sie findet, edel und tierisch, aber im Großen und Ganzen wunderbar anständig. Er hat nichts von der starken ethischen Voreingenommenheit, die normalerweise im englischen Denken zu finden ist. Er ist nicht entsetzt über das Verhalten seiner Mitmenschen und er hat nicht den Wunsch, sie zu bessern. Ihre Charaktere, ihre Motive interessieren ihn, und er steht ihnen gegenüber, ein glücklicher Zuschauer. Diese Gelassenheit der Distanz, diese gelassene Akzeptanz der Dinge und Menschen, wie sie sind, wird deutlich, wenn wir die Poesie von Chaucer mit der seines Zeitgenossen Langland oder wer auch immer Piers Plowman geschrieben hat, *vergleichen* .

Die Historiker sagen uns, dass die späteren Jahre des 14. Jahrhunderts zu den unangenehmsten Perioden unserer nationalen Geschichte gehörten. Der englische Wohlstand war auf einem sehr niedrigen Stand. Der Schwarze Tod hatte fast ein Drittel der arbeitenden Bevölkerung der Inseln ausgerottet, eine

Tatsache, die, verschärft durch die hektische Gesetzgebung der Regierung, zu beispiellosen Arbeitsunruhen geführt hatte, die in der Bauernrevolte gipfelten. Korruption und Gesetzlosigkeit im Klerus waren weit verbreitet. Alles in allem ist sogar unser eigenes Zeitalter dem, in dem Chaucer lebte, vorzuziehen. Langland spart nicht mit Denunziationen; Er ist entsetzt über die Bosheit, die ihn umgibt, empört über die offen bekannten Laster, die der Tugend fast nicht mehr den Tribut der Heuchelei zollen . Empörung ist die Inspiration von *Piers Plowman* , der gerechten Empörung des Propheten. Aber wenn man Chaucer liest, könnte man meinen, dass es im England des 14. Jahrhunderts nichts gab, worüber man sich hätte empören können. Es ist wahr, dass der Begnadiger, der Mönch, der Schiffsmann, der Müller und tatsächlich die meisten Pilger von Canterbury Schurken und Schurken sind; aber andererseits sind sie auch solche „fröhlichen Huren". Es ist wahr, dass der Mönch lieber jagt als betet, dass es in diesen letzten Tagen, in denen es keine Feen mehr gibt, „keinen anderen Incubus" außer dem Mönch gibt, dass „die Geldbörse die Hölle des Erzdiakons ist" und der Beschwörer ein Bösewicht der erste Größe; aber Chaucer kann diese Dinge nur als in erster Linie humorvoll betrachten. Die Tatsache, dass Menschen das, was sie predigen, nicht in die Tat umsetzen, ist für ihn eine unerschöpfliche Quelle der Belustigung. Während Langland vor Wut laut weint und der Welt mit Höllenfeuer droht, schaut Chaucer zu und lächelt. Auf die große politische Krise seiner Zeit verweist er nur einmal, und zwar komisch:

So abscheulich war der Lärm, ach *Benedikt* !

Certes er Jakke Straw und sein Meyné,

Ne maden schoutes nie halb so schrille,

Wenn sie Flemyng töten würden,

Als Thilke Day verrückt nach dem Fuchs war.

Bauern rebellieren vielleicht, Priester brechen ihre Gelübde, Anwälte lügen und betrügen und die Welt im Allgemeinen frönt ihren sinnlichen Gelüsten; Warum versuchen, sie zu verhindern, warum protestieren? Schließlich sind sie alle einfach natürlich, sie folgen alle dem Gesetz der Art. Ein vernünftiger Mann, wie er selbst, „flieht vor dem Druck und verweilt in Treue." Aber vernünftige Menschen gibt es nur wenige, und es liegt in der Natur des Menschen, ein unvernünftiger Sport seines Instinkts und seiner Leidenschaft zu sein, so wie es in der Natur des Gänseblümchens liegt, sein Auge für die Sonne zu öffnen, und des Stieglitzes, ein lebhafter und lebhafter Mensch zu sein. Gaylard"-Kreatur. Das Gesetz der Art hat immer und in allem geherrscht; Es gibt kein Reiben der Natur am Haar. Für

Gott sei Dank, da darf sich kein Mensch umarmen

Wie man eine Sache zerstört, die Natur

Hat sich auf natürliche Weise in ein Geschöpf eingenistet.

Nimm irgendeine Braut und stecke sie in einen Käfig,

Und tue alles, was du tust und was du tust

Um es liebevoll mit Fleisch und Trockenfleisch zu pflegen,

Und mit all den Göttern, an die du dich erinnern kannst,

Und bewahre alles so freundlich, wie du kannst;

Obwohl sein Käfig aus Gold nie so fröhlich sein wird,

Doch hat diese Brücke das Zwanzigtausendfache,

Hebel in einem Wald, der wüst und kalt ist,

Gon ete Würmer und solche Wrecchidnes;

Für immer wird diese Braut seinen Geschäften nachgehen

Um aus seinem Käfig zu entkommen, wann immer er kann;

Seine Freiheit wünscht sich die Braut ...

Seht, er hat seine Dominanz kennengelernt,

Und appetyt flemeth (verbannt) diskretionär.

Auch eine Wölfin hat eine vilayne Kynde,

Der größte Wolf, den sie finden kann,

Oder am wenigsten Ruf, er wird es nehmen,

In der Zeit, in der er Lust hat, etwas zu machen.

Alle diese Beispiele erzähle ich von diesen Männern

Das ist Ben Untrewe und nichts von Frauen.

(Da die Geschichte, aus der diese Zeilen zitiert werden, zufällig von einer
untreuen Ehefrau handelt, scheint es, dass Chaucer ein wenig der Ironie
frönt, indem er das weibliche Geschlecht vor der Wirkung des Gesetzes der
Güte immun macht.)

Für Männer gibt es nie einen köstlichen Appetit

Auf dem unteren Teil, um ihr Delit zu parformieren

Als auf ihre Frauen, obwohl sie noch nie so schön waren,

Ne nie so trewe, ne so debonaire.

Die Natur, so beklagenswert einige ihrer Erscheinungsformen auch sein mögen, muss sich immer und unweigerlich durchsetzen. Das Gesetz der Art hat sogar Macht über unsterbliche Seelen. Diese Tatsache ist die Quelle der ständig geäußerten Abneigung des Dichters gegen Zölibat und Askese. Die Doktrin, die die Überlegenheit des Standes der Jungfräulichkeit gegenüber dem Stand der Ehe aufrechterhält, ist seiner Meinung nach zunächst einmal eine Gefahr für die Rasse. Es fördert einen Prozess, den wir vielleicht als Dysgenie bezeichnen dürfen – das Fortführen der Art durch die schlimmsten Mitglieder. Die Worte des Gastgebers an den Mönch sind unvergesslich:

Allas! Warum trägst du einen so weiten Mantel?

Gott, gib mir Kummer! und ich war Papst

Nicht nur du, sondern jeder mächtige Mann,

Obwohl er am Ufer auf seiner Pfanne (Kopf) saß

Sollte eine Frau haben; denn diese ganze Welt ist verloren;

Die Religion hat den ganzen Mais aufgefressen

Von Tredyng, und wir Burel (demütigen) Männern Ben Shrimps;

Von schwachen Bäumen kommen wrecchide Impes.

Das macht unsere Erben so großartig

Und schwach, damit sie nicht gut gezeugt werden.

Aber es ist nicht nur gefährlich; es ist unnatürlich. Das ist das Thema des Prologs der Frau von Bath. Ratschläge zur Vollkommenheit sind sehr gut, wenn sie ihnen gegeben werden

Das würde parfytly lyve;

Aber, meine Herren, das bin ich nicht.

Der Großteil von uns muss so leben, wie es das Gesetz der Art vorschreibt.

Es ist charakteristisch für Chaucers Weltanschauung, dass das höchste Lob, das er einer Sache entgegenbringen kann, darin besteht, von ihr zu behaupten, dass sie im höchsten Maße die Qualitäten ihrer eigenen besonderen Art besitze. So sagt er über Cressida:

Sie war nicht im Geringsten von ihrer Statur,

Aber alle ihre Glieder antworten so gut

Werde zur Frau, dieses Geschöpf

Nas erscheint niemals weniger männlich.

Das Pferd aus Messing im *Squire's Tale* ist

So gut proportioniert, um stark zu sein,

Sozusagen ein Ross der Lombardei,

Dazu so *pferdeartig* und so schnell im Auge.

Alles, was in seiner Art vollkommen ist, ist bewundernswert, auch wenn es keine erhabene Art ist. Es ist zum Beispiel eine Freude zu sehen, wie der Canon schwitzt:

Ein Cloote-Blatt (Apfelblatt) hatte er unter seiner Haube

Zum Schwitzen und um seinen Kopf vor Hitze zu schützen.

Aber es war eine Freude, ihn schwitzen zu sehen;

Seine Stirn senkte sich wie ein Stillatorium

Waren voller Kochbananen oder Peritorien.

Der Kanon steht in der Kategorie der Pullover an erster Stelle, denn er verkörpert den Typ und die Idee der schwitzenden Menschheit; Deshalb ist er bewundernswert und erfreulich anzusehen, selbst als Pferd, das überaus pferdehaft ist, oder als Frau, die weniger männlich ist als alles, was man sich vorstellen kann. Ebenso ist es eine Freude zu sehen, wie der Begnadiger dem Volk predigt. Sein Scharlatanismus ist in seiner Art vollkommen und verdient Bewunderung:

Meine Hände und meine Zunge werden so heiß,

Dass es eine Freude ist, meine Geschäftigkeit zu sehen.

Diese Art, Dinge als freudig oder, sehr oft, himmlisch zu bezeichnen, ist typisch für Chaucer. Er blickt mit einer Freude auf die Welt, die niemals alt oder müde wird. Die Anblicke und Geräusche des täglichen Lebens, all die üppige Schönheit der Erde erfüllen ihn mit einer Freude, die er nur ausdrücken kann, indem er sie „Freude" oder „Himmel" nennt. Es war eine „Freude", Cressida und ihre Mädchen zusammen spielen zu sehen; Und

Aungellyke war also ihre natürliche Schönheit

Das schien ihr wie etwas Unsterbliches zu sein,

Wie ein himmlisches Parfit-Geschöpf.

Der Pfau hat Engelsfedern; Die Stimme eines Mädchens ist himmlisch zu hören:

Antigone die Shene

Gan auf einem trojanischen Lied, um klar zu singen,

Dass es ein Himmel war, war ihre Stimme zu hören.

Man könnte unendlich viele Zitate vervielfachen, die Chaucers exquisites Gespür für sinnliche Schönheit und seine unmittelbare, fast ausrufende Reaktion darauf bezeugen. Vor allem berührt ihn die Schönheit „junger, frischer Leute, er und sie"; durch die Anmut und Schnelligkeit der Lebewesen, Vögel und Tiere; von Blumen und ruhigen, leuchtenden, parkähnlichen Landschaften.

Es ist interessant festzustellen, wie häufig Chaucer von Tieren spricht. Wie viele andere Weise ist er der Ansicht, dass ein Tier in gewisser Weise einen menschlicheren Charakter hat als ein Mensch. Denn ein Tier steht in derselben Beziehung zu einem Menschen wie eine Karikatur zu einem Porträt. In gewisser Weise ist eine Karikatur wahrer als ein Porträt. Es offenbart alle Schwächen und Absurditäten, deren Erbe das Fleisch ist. Das Porträt bringt die Größe und Würde des Geistes zum Vorschein, der in dem oft lächerlichen Fleisch wohnt. Es ist nicht nur so, dass Chaucer regelmäßige Fabeln geschrieben hat, obwohl ihn „The *Nun's Priest's Tale*" zu den großen Fabulierern der Welt zählt, und es gibt auch viel definitiv fabelhaftes Material im „ *Parlament der Geflügel*". Nein, seine Hinweise auf die Tiere beschränken sich nicht nur auf seine Tiergeschichten; Sie werden in seinen Werken verstreut ausgestrahlt. Er verlässt sich für einen Großteil seiner Psychologie und für einen Großteil seiner anschaulichsten Beschreibungen auf den Vergleich des Menschen in seinem Charakter und seiner Erscheinung (die bei Chaucer immer unauflöslich miteinander verbunden sind) mit den Tieren. Nehmen Sie zum Beispiel das bezaubernde Gleichnis, in dem Troilus, der hartnäckig gegen die Natur ist und sich weigert, zu lieben, wie es ihm das Gesetz der Art vorschreibt, mit dem maisgefütterten Pferd verglichen wird, dem unter der Peitsche gutes Benehmen und gesunde Philosophie beigebracht werden muss :

Als stolzer Bayard Ginneth zum Überspringen

Aus dem Weg, so sticht ihm sein Korn,

Bis er einen Schlag von der langen Peitsche hat,

Dann denkt er: „Obwohl ich ganz biforn tänzel,

Zuerst in der Spur, vollfett und neu geschoren,

Doch bin ich nur ein Pferd und Pferdegesetz

Ich muss aushalten und mit meinen Füßen ziehen."

Oder wiederum werden Frauen mit einer zu ausgeprägten Vorliebe für edle Kleidung mit der Katze verglichen:

Und wenn die Haut der Katze glatt und fröhlich ist,

Sie wird keinen halben Tag im Haus bleiben,

Aber sie wird weiterkommen, bevor der Tag hereinbricht

Um ihre Haut zu zeigen und einen Caterwrawet zu machen.

In seinen Beschreibungen des persönlichen Erscheinungsbildes seiner Figuren bedient sich Chaucer immer wieder tierischer Merkmale. Menschen, sowohl schöne als auch abscheuliche, werden größtenteils mit Tieren beschrieben. Es ist interessant zu sehen, wie oft Chaucer in dieser exquisiten Beschreibung von Alisoun, der Frau des Zimmermanns, seine deutlichste und schärfste Wirkung durch die Bezugnahme auf ein Tier oder einen Vogel erzielt:

Schön war diese junge Frau und damit

Wie jedes Wiesel ist ihr Körper sanft und klein ...

Aber ihr Lied war genauso laut und düster

Ebenso wie die Schwalbe, die in einer Scheune zwitschert.

Dazu könnte sie überspringen und ein Spiel machen

Wie jedes Kind oder Kalb, das seiner Frau folgt.

Ihr Mund war süß wie Bragot oder Meath,

Oder ein Haufen Äpfel, in Heu oder Heide gelegt.

Sie zuckte zusammen, wie ein fröhliches Fohlen,

Lang wie ein Mast und aufrecht wie ein Bolzen.

Immer wieder finden wir in Chaucers Gedichten solche Ähnlichkeiten, und das Ergebnis ist immer ein Bild von außergewöhnlicher Präzision und Lebendigkeit. Hier zum Beispiel einige:

Gaylard, er war wie ein Stieglitz im Schal,

oder,

Er hatte so grelle Augen wie ein Hase;

oder,

Sein Schädel war so dick (kahl) wie ein Affe.

Die selbstgefälligen Brüder sind es

Wie Jovinian,
Fett wie ein Wal und wackelig wie ein Schwan.

Der Begnadiger beschreibt seine eigene Predigt mit folgenden Worten:

Dann schmerze es mich, meinen Hals nach vorn zu strecken
Und im Osten und Westen winke ich den Menschen zu,
Wie eine Taube, die auf einer Scheune sitzt.

Sehr oft leitet Chaucer seine glücklichsten Metaphern auch von Vögeln und
Tieren ab. Über Troja in seinem Unglück und Niedergang sagt er: Glück

Gan reißt Trojas helle Federn weg
Von Tag zu Tag.

Der liebeskranke Troilus hält ein Selbstgespräch:

Er sagte: „O Narr, jetzt bist du in der Schlinge
Derjenige, der über den Schmerz der Liebe lacht,
Jetzt bist du ein Henker, jetzt nage an deiner dünnen Kette."

Die Metapher von Trojas leuchtenden Federn erinnert mich an ein sehr
schönes Gleichnis aus dem Leben der Pflanzen:

Und wie im Winter wurden die Blätter beraubt,
Einer nach dem anderen, bis der Baum kahl ist,
So dass nur noch Rinde und Äste übrig sind,

Lieth Troilus, aller Wohlfahrt beraubt,

Ybounden in der schwarzen Rinde der Fürsorge.

Und das wiederum erinnert mich an den Reim, in dem Chaucer ein Mädchen mit einem blühenden Birnbaum vergleicht:

Es war viel glückseliger, sie zu sehen

Dann ist der neue Parjonette-Baum.

Chaucer ist unter den Sternen ebenso zu Hause wie unter den Vögeln, Tieren und Blumen der Erde. Es gibt heutzutage einige Literaten, die sich nicht nur nicht schämen, ihre völlige Unwissenheit über alle Tatsachen „wissenschaftlicher" Art zuzugeben, sondern sich sogar damit rühmen. Chaucer hätte solche Personen mit Mitleid und Verachtung betrachtet. Seine eigenen Kenntnisse der Astronomie waren umfassend und genau. Diejenigen, deren Bildung so furchtbar unvollkommen war wie meine eigene, werden immer Schwierigkeiten haben, ihm zu folgen, während er mit unbeschwerter Sicherheit durch die Himmel wandert. Dennoch ist es möglich, ohne Kenntnisse der Mathematik Chaucers Beschreibungen des großen Schauspiels der Sonne und der Sterne zu verstehen, die im Laufe des Jahres triumphierend von Haus zu Haus marschieren. Er macht sich nicht immer die Mühe, sein Astrolabium hervorzuholen und den Fortschritt von „Phebus mit seinem Rosenkarren" zu messen; er kann die Bewegungen des Gottes in allgemeineren Worten aufzeichnen, als selbst der Literat des 19. Jahrhunderts verstehen könnte. Hier ist zum Beispiel eine Beschreibung des „kalten, frostigen Dezembers", in dem sich himmlische und irdische Dinge vermischen, um ein Bild von außergewöhnlichem Reichtum zu ergeben:

Phebus wox alt und behauen wie Latoun,

Das in seinem hoté declinacioun

Strahlend wie verbranntes Gold, mit hellen Strömen;

Aber jetzt im Steinbock leuchtet er,

Wo er völlig blass leuchtete; Das wage ich wohl zu sagen

Der bittere Frost mit Schneeregen und Regen

Zerstört ist das Grün in jedem Yard.

Janus sitzt mit Doppelbart am Feuer,

Und trinkt aus seinem Horn den Wein;

Vor ihm standen die Muskeln von Schweinen mit Stoßzähnen,

Und „ *Noel* “ schreit jeder lüsterne Mann.

An Astrologie scheint er nicht geglaubt zu haben. Die großartige Passage im *Man of Law's Tale* , wo es so heißt

In den Sternen, klarer als Glas,

Steht geschrieben, Gott was, wer kann es lesen,

Der Tod eines jeden Menschen ohne Drede,

wird durch die kategorische Aussage ausgeglichen, die in der wissenschaftlichen und pädagogischen Abhandlung über das Astrolabium zu finden ist, dass die Gerichtsastrologie bloße Täuschung sei.

Seine Skepsis gegenüber der Astrologie ist nicht überraschend. So sehr er Autorität schätzt, so bevorzugt er doch den Beweis der Erfahrung, und wo dieser Beweis fehlt, begnügt er sich mit stillem Agnostizismus. Sein Respekt vor dem Gesetz der Art geht mit einem komplementären Misstrauen gegenüber allem einher, was nicht zur natürlichen Ordnung der Dinge zu gehören scheint. Es gibt Momente, in denen er sogar an den Grundüberzeugungen der Kirche zweifelt:

Tausend Synthesizer habe ich den Männern erzählt

Dass es Freude im Himmel und Peyne in der Hölle gibt;

Und ich bin damit einverstanden, dass es so ist.

Aber nichtsdestotrotz, das wär mir auch gut

Dass es niemanden gibt, der in diesem Land wohnt

Das ist entweder in der Hölle oder im Himmel.

Über das Schicksal des Geistes nach dem Tod spricht er in etwa im gleichen Stil:

Sein Geist veränderte sich und er ging dorthin

Da ich nie gekommen bin, kann ich nicht sagen, wo;

Deshalb bin ich geizig, ich nenne keinen Divinistre;

Von Seelen fynde ich nicht in diesem Register,

Ich werde nicht die Meinungen auflisten, die ich sagen kann

Allerdings wissen sie, wo sie wohnen.

Er hat keine Geduld mit Aberglauben. Der Glaube an Träume, an Vorzeichen, die Angst vor den „Ravenes-Skrupeln oder Schrychynge dieser Eulen" sind für einen Mann mit Selbstachtung unpassend:

Es ist sowohl falsch als auch übel, darauf zu schimpfen;

Ach, leider, so ein edles Geschöpf

Wie es ist, dass ein Mann sich vor solchem Elend fürchten muss!

Durch ein absurdes Wortspiel macht er alle magischen Prophezeiungskünste von Calchas lächerlich:

Als dieser Calkas also durch Kalkulynge wusste,

Und eke als Antwort auf diesen Apollo

Dass die Griechen ein solches Volk bringen würden,

Durch das muss Troye ben fordo,

Er verließ sofort die Stadt, um zu gehen.

Es wäre kein abstruser Vergleich zu sagen, dass Chaucer in vielerlei Hinsicht Anatole France ähnelt. Beide Männer besitzen eine tiefe Liebe zu dieser Welt um ihrer selbst willen, gepaart mit einer tiefen und sanften Skepsis gegenüber allem, was jenseits dieser Welt liegt. Für beide ist die üppige Schönheit der Natur eine nie versiegende und allumfassende Quelle des Glücks. Keiner von ihnen ist Asket; in Schmerz und Entbehrung sehen sie nichts als das Böse. Für beide ist die Vorstellung, dass Selbstverleugnung und Selbstkasteiung notwendigerweise gerechtfertigt sind und Gutes bewirken, völlig fremd. Beide sind Apostel der Süße und des Lichts, der Menschlichkeit und Vernünftigkeit. Grenzenlose Toleranz gegenüber menschlichen Schwächen und Mitleid, wenn auch ein wenig ironisch, kennzeichnen sie beide. Das tiefe Wissen um die Übel und Schrecken dieser unverständlichen Welt lässt sie umso mehr an ihrer freundlichen Schönheit hängen. Aber zumindest in einer wichtigen Hinsicht erweist sich Chaucer als der größere, vollkommenere Geist. Er besitzt, was Anatole France nicht hat, sowohl ein fantasievolles als auch ein intellektuelles Verständnis der Dinge. Angesichts der Vielfalt menschlicher Charaktere zeigt Anatole France eine merkwürdige Ohnmacht der Vorstellungskraft. Er versteht Charaktere nicht in dem Sinne, wie beispielsweise Tolstoi sie versteht; Er kann nicht durch die Kraft der Vorstellungskraft in sie eindringen und zu dem werden, was er betrachtet. Keine der Personen seiner Schöpfung ist ein vollständiger Charakter; man kann sie nicht von allen Seiten betrachten; sie werden gewissermaßen in der Fläche und nicht dreidimensional dargestellt. Aber Chaucer hat die Fähigkeit, sich in die Rolle eines anderen hineinzuversetzen. Sein Verständnis der Männer und Frauen, über die er schreibt, ist vollständig; Seine kleinsten Charakterskizzen sind immer solide und dreidimensional. Der Prolog zu den *Canterbury Tales* , in dem die Effekte fast ausschließlich durch die Beschreibung äußerer physischer Merkmale erzeugt werden, liefert uns das offensichtlichste Beispiel seiner dreidimensionalen Zeichnung. Oder nehmen Sie noch einmal diese Beschreibung in der Geschichte des Kaufmanns vom alten January und seiner jungen Frau May nach ihrer Hochzeitsnacht. Es handelt sich ausschließlich um eine Beschreibung äußerer Details, das Ergebnis ist jedoch kein oberflächliches Bild. Wir erhalten einen Einblick in die Charaktere in ihrer Gesamtheit:

So arbeitet er, bis der Tag anbricht.

Und dann nimmt er einen Schluck in feinem Clarré,

Und dann sitzt er aufrecht in seinem Bett.

Und danach sang er laut und deutlich,

Und er küsste seine Frau und jubelte ihm lautstark zu.

Er war ganz übermütig, voller Wut,

Und voller Fachjargon wie ein gesprenkelter Pye.

Die schlaffe Haut um seinen Hals zittert,

Während er sang, sang er und krächzte.

Aber Gott weiß, was May in ihrem Herzen dachte,

Als sie ihn in seinem Hemd sitzen sah,

In seiner Nachtmütze und mit schlankem Halsausschnitt;

Sie lobt sein Spiel nicht im Geringsten.

Aber das sind alles nur leichte Skizzen. Für Charakterporträts in voller Länge müssen wir uns an *Troilus und Cressida* wenden, ein Werk, das, obwohl es vor der vollen Reife von Chaucers Kräften geschrieben wurde, in vielerlei Hinsicht seine bemerkenswerteste Leistung ist und darüber hinaus noch nie erreicht wurde für Schönheit und Einsicht im gesamten Bereich der englischen Erzählpoesie. Wenn man sieht, mit welcher Sicherheit und Präzision Chaucer jede Bewegung von Cressidas Geist beschreibt, vom ersten Satz, in dem sie von Troilus' Liebe zu ihr hört, bis zu dem Moment, in dem sie ihm untreu wird, kann man sich nur fragen, warum der Charakterroman so hätte sein sollen langsam in Erscheinung treten. Erst im 18. Jahrhundert begannen Erzählkünstler, die Prosa anstelle von Versen als

Medium verwendeten, die Geheimnisse wiederzuentdecken, mit denen Chaucer im 14. Jahrhundert vertraut war.

Troilus und Cressida wurde, wie gesagt, geschrieben, bevor Chaucer gelernt hatte, seine Kräfte voll auszuschöpfen. In der Farbgebung ist es schwächer, weniger scharf und brillant als die besten *Canterbury Tales* . Die Charakterstudien sind da, sorgfältig und genau ausgearbeitet; aber wir vermissen die helle Lebendigkeit der Darstellung, mit der Chaucer seine spätere Kunst ausstatten sollte. Die Charaktere sind alle lebendig und vollständig gesehen und verstanden. Aber sie bewegen sich sozusagen hinter einem Schleier – dem Schleier jener poetischen Konvention, die in den frühesten Gedichten Chaucers Genie fast vollständig verhüllt hatte und die mit zunehmendem Alter, mit seinen Abenteuern und Entdeckungen immer dünner wurde und verschwand schließlich wie hauchdünner Nebel im Sonnenlicht. Als *Troilus und Cressida* geschrieben wurden, hatte sich der Nebel noch nicht vollständig verzogen, und die Figuren seiner Schöpfung, so vollständig sie auch in Konzeption und Ausführung sind, sind aufgrund des dazwischen liegenden Schleiers etwas undeutlich zu erkennen.

Der einzige Moment im Gedicht, in dem Chaucers Einsicht ihn zu enttäuschen scheint, ist ganz am Ende; Er muss Cressidas Untreue zur Rechenschaft ziehen und weiß nicht, wie er das tun soll. Shakespeare hatte keine derartigen Schwierigkeiten, als er das Thema neu behandelte. Seine Version der Geschichte, die viel gröber angelegt ist als die von Chaucer, führt offensichtlich und unweigerlich zu der vorherbestimmten Schlussfolgerung; Seine Cressida ist eine Schlampe, die ihrem Charakter einfach alle Ehre macht. Was könnte einfacher sein? Aber für Chaucer ist das Problem nicht so einfach. Seine Cressida ist kein Luder. Von dem Moment an, als er sie zum ersten Mal sieht, verliebt sich Chaucer, wie sein eigener unglücklicher Troilus, Hals über Ohren. Schön, sanft, fröhlich; Sie verfügt zwar über eine gewisse „tendre wittes", macht ihre mangelnde Fähigkeit zur Rationalisierung jedoch durch die „plötzlichen Abweichungen" der Intuition wett; eitel, aber nicht unangenehm, wegen ihres guten Aussehens und ihrer Macht über einen so großen und edlen Ritter wie Troilus; langsam, Liebe zu empfinden, aber sobald sie nachgegeben hat, gibt sie Troilus Leidenschaft für Leidenschaft zurück; Mit einem Wort, sie ist das „am wenigsten männliche" aller möglichen Geschöpfe – für Chaucer ist sie das Ideal einer anmutigen und höfischen Weiblichkeit. Aber leider erzählt uns die alte Geschichte, dass Cressida ihren Troilus für diesen groben Preiskämpfer von einem Mann, Diomed, im Stich gelassen hat. Die Frau, die Chaucer zu seinem Ideal gemacht hat, erweist sich als nicht besser, als sie sein sollte; Es gibt einen Fehler im Kristall. Chaucer zögert unendlich, diese Tatsache zuzugeben. Aber die alte Geschichte ist in ihrer Aussage konkret; Tatsächlich besteht der springende Punkt in Cressidas Untreue. Als Chaucer aufgefordert wird, den

Sturz seiner Heldin zu erklären, ist er völlig ratlos. Er unternimmt ein paar halbherzige Versuche, das Problem zu lösen, gibt es dann aber auf und greift auf die Autorität zurück. Die alten Beamten sagen, es sei so gewesen, also müsse es so sein, und das ist alles. Tatsache ist, dass Chaucer seine Version der Geschichte in einer anderen Tonart formuliert hat als die, die in den „Old Bokes" zu finden ist, mit dem Ergebnis, dass der Ton, in dem er aus Respekt vor der Autorität schließen muss, völlig aus dem Gleichgewicht geraten ist mit dem Rest der Musik. Darin liegt der größte und tatsächlich einzige Mangel des Gedichts – sein überhasteter und holpriger Schluss.

Ich kann Cressida nicht verlassen, ohne das Schicksal zu erwähnen, das ihr von einem der würdigsten Schüler Chaucers, Robert Henryson, bereitet wurde, in gewisser Weise dem besten schottischen Dichter des fünfzehnten und sechzehnten Jahrhunderts. Henryson war schockiert über die Tatsache, dass Cressida in Chaucers Gedicht keine Strafe für ihre Untreue erhält, und verfasste eine kurze Fortsetzung, „ *Das Testament von Cressida* ", um zu zeigen, dass der poetischen Gerechtigkeit ordnungsgemäß Genüge getan wurde. Diomed, so wird uns erzählt, wurde müde, sobald er „seinen ganzen Appetit und seine ganze Lust auf diese schöne Dame erfüllt hatte" und verwarf sie, um ein gewöhnliches Mädchen zu werden.

O schöne Cresseid! das Mehl und *A an sich*

Wie groß war das Glück von Troja und Griechenland!

Um all deine Weiblichkeit in Schmutz zu verwandeln

Und sei mit fleischlicher Lust sa maculait,

Und geh unter die Grekis, luftig und spät

So giglotartig.

In ihrem Elend verflucht sie Venus und Amor, weil sie sie zur Liebe veranlasst hatten, nur um sie dann zu dieser Erniedrigung zu führen:

Der Samen der Liebe wurde in mein Gesicht gesät

Und durch deine Versorgung und deine Gnade wurden sie grün.

Aber jetzt, leider! Dieser Samen mit Frost wird getötet,

Und ich bin von den Liebhabern weggegangen, und alle sind weg.

Aus Rache rufen Amor und seine Mutter einen Götterrat zusammen und verurteilen die *Bewohner Griechenlands und Trojas per se* als abscheulichen Aussätzigen. Und so geht sie mit den anderen Aussätzigen, bewaffnet mit Schüssel und Klöppel, hinaus, um um ihr Brot zu betteln. Eines Tages reitet

Troilus an dem Ort vorbei, an dem sie am Straßenrand vor den Toren Trojas sitzt:

Dann warf sie ihre beiden Ohren auf ihn,

Und mit einem Blenk kam es ihm in den Sinn,

Dass er einige Zeit zuvor ihr Gesicht gesehen hatte,

Aber sie war in einer solchen Notlage, dass er sie nicht kannte,

Doch dann brach ihr Blick in seine Gedanken zusammen

Das süße Gesicht und das verliebte Blending

Von der schönen Cresseid, die manchmal ihr eigener Liebling war.

Er wirft ihr ein Almosen zu und das arme Geschöpf stirbt. Und so ist der moralische Sinn befriedigt. In „*Das Testament des Cresseid*" gibt es viel überflüssige Mythologie und unnötigen Wortschatz , aber die Hauptzeilen des Gedichts sind fest und kraftvoll gezeichnet. Von allen Schülern Chaucers, von Hoccleve und dem Mönch von Bury bis hin zu Mr. Masefield, kann Henryson zu Recht behaupten, der höchste zu sein.

FUSSNOTEN

1. *Gesammelte Gedichte* von Edward Thomas: mit einem Vorwort von W. de la Mare. Selwyn & Blount.

2. *Wordsworth: eine Anthologie* , herausgegeben, mit einem Vorwort, von TJ Cobden-Sanderson. R. Cobden-Sanderson.

3. *Ben Jonson* , von G. Gregory Smith. (Englische Men of Letters-Reihe.) Macmillan, 1919.

www.ingramcontent.com/pod-product-compliance
Lightning Source LLC
Chambersburg PA
CBHW051459130726
47987CB00005B/2382